AVEC AMOUR

LÉA LINSTER & PETER GAYMANN

AVEC AMOUR

Rezepte zum Verlieben

ars vivendi

INHALT

LIEBE, LUST UND BACKHENDL

Ist man verliebt, strömt dieses unbeschreibliche Gefühl durch alle Poren. Um den Bauch muss sich die Liebe erst mal nicht mehr kümmern, sie hat ihn ja gleich zu Beginn mit lauter Schmetterlingen gefüllt. Die ziehen sich nach einiger Zeit sachte zurück, die Liebe aber bleibt, sie drängt sich nur nicht mehr so in den Vordergrund. Was man daran merken kann, dass einem bei dem Wort »Lust« nicht sofort »Bett«, sondern durchaus auch »Backhendl« in den Sinn kommen kann.

Vielleicht ist die Liebe zu gutem Essen beständiger als die zu einem Menschen. Am besten liebt man sie beide, mit Inbrunst und Leidenschaft, so wie Léa Linster es tut. Warum sonst hat sie »Avec Amour« zu ihrem Markenzeichen gemacht?

»Liebe geht durch den Magen« – dieses Sprichwort ist ebenso abgenudelt wie wahr. Frau kocht was Tolles, Mann glücklich, Frau auch. Genau so funktioniert es, dachte ich – bis ich von Giacomo Casanova las, der in Sachen Liebe kein Kostverächter war. Er soll gesagt haben: »Jede Frau ist für gutes Essen anfällig.« Geht also auch andersherum. Mann kocht was Tolles, Frau glücklich, Mann auch.

Die Leib- und Magenspeise von Casanova waren übrigens kalte Nudeln, Makkaroni-Pastete, der Mann wollte schließlich nichts anbrennen lassen.

Peter Gaymann, Léa Linsters genialer Partner auch beim dritten gemeinsamen Buch, ist übrigens ebenfalls ein Meister der kalten Küche. Sein weit über die Landesgrenzen hinaus gerühmter badischer Wurstsalat ist eine Liebeserklärung an seine Heimat Freiburg. Jedes einzelne Gürkchen, Zwiebelchen, Lyoner-Scheibchen: Avec Amour.

Ich weiß nicht, ob Léa Peters Wurstsalat schon probiert hat. Falls nicht … ich würde für nichts garantieren! Da halte ich es mit Casanova.

Ihre Christine Westermann

VON PÄRCHEN
UND PAAREN

Wer in mein Restaurant in Frisange kommt, erhält als Entree immer ein Tässchen Suppe, ob er es nun bestellt hat oder nicht: ein samtiges Kartoffelsüppchen oder eine pikante Selleriesuppe, zum Beispiel. Diese Süppchen sind ein Versprechen auf mehr. Sie sollen Vorfreude wecken auf all die Köstlichkeiten, die noch folgen werden. Und meine Gäste ganz einfach verführen.

Denn um Verführung geht es doch, beim Essen, im Leben – und natürlich in der Liebe. Sie können mir ruhig glauben, dass ich als Köchin davon einiges verstehe. Erstens, weil ein großartiges Gericht nur entsteht, wenn es mit Sinnlichkeit und Hingabe gekocht wird, eben: »Avec Amour«. Und zweitens, weil ich schon so viele Paare bewirtet habe. Zu mir kommen Pärchen, die so frisch verliebt sind, dass ich fürchte, sie könnten völlig vergessen zu essen – aber dann müssen sie sich doch stärken. Zu meinen Gästen gehören aber auch Paare, die schon seit dreißig Jahren verheiratet sind, und manche kommen schon ebenso lange zu mir. Übrigens drollig, dass man bei Langzeitpaaren nie von »Pärchen« spricht, oder? Dabei können sie immer noch sehr charmant miteinander sein.

Jedenfalls empfehle ich Frischverliebten immer eher leichte Gerichte. Eine kleine Vorspeise, zum Beispiel eine Bouillon mit Edelfischen, oder Kaviar, dazu ein Glas Champagner. Das Menü soll so beschwingt daherkommen wie ein Liebesbrief. Ein voller Bauch studiert nicht gern, das weiß man ja. Und er küsst auch nicht gern! Wer noch etwas vorhat, isst also besser ein leichtes Lachsconfit mit Petersilienwurzelpüree – das liefert nebenbei all die guten Omegas, die man später noch braucht.

Bei langjährigen Ehepaaren kann es gehaltvoller zugehen: Wie wäre es mit einem zarten Ossobuco? Dazu eine Flasche Rotwein aus dem Burgund. Oder zwei. Und als Dessert eine üppige Crème au chocolat. Danach ist man so versöhnlich und liebevoll gestimmt, dass man die nächsten dreißig Ehejahre mit Vergnügen erwartet.

In diesem Buch finden Sie die herrlichsten Gerichte für Zwei, aber auch für gesellige Abende mit Freunden. Lassen Sie sich verführen! Das wünscht Ihnen

Ihre

Léo Linster
Avec Amour ♡

HERZ-HAFTE VORSPEISEN

AUFSTRICHE

»Bei diesen köstlichen Aufstrichen können Sie sich gerne auch mal die Butter vom Brot nehmen lassen!«

ZUCCHINI-PARMESAN

Ergibt ca. 250 g

1 mittelgroße Zucchini
1 EL Olivenöl
feines Meersalz
30 g Parmesankäse
Pfeffer aus der Mühle

Die **Zucchini** waschen, putzen und in dünne Scheiben schneiden. Das **Olivenöl** erhitzen und die Zucchini bei niedriger Temperatur darin dünsten. Eine Prise **Salz** darüberstreuen. Sobald sie weich ist, die Zucchini abkühlen und abtropfen lassen, bei Bedarf leicht ausdrücken.
Den **Parmesan** fein reiben.
Vor dem Servieren die Zucchini mit dem Stabmixer pürieren, mit Parmesan vermengen und den Aufstrich mit Salz und **Pfeffer** abschmecken.

SCHWARZE OLIVEN

Ergibt 200 g

200 g entsteinte schwarze Oliven in Öl
(aus dem Glas)

Die **Oliven** in ein Sieb abgießen und abtropfen lassen. Mit dem Stabmixer pürieren. Die Olivenpaste hält sich luftdicht verschlossen mehrere Wochen im Kühlschrank.

Und dazu:
frische oder altbackene Brötchen
(s. S. 167)

Die **Brötchen** aufschneiden und mit den Aufstrichen servieren. Brötchen vom Vortag am besten kurz antoasten.

WEISSES BOHNENPÜREE

»Jedes Böhnchen gibt ein Tönchen?
Stimmt, in diesem Falle Ausrufe des Verzückens!«

Für 6 Personen

250 g weiße getrocknete Bohnen
  (z. B. Cannellini)
ca. 1 l Geflügelfond (s. S. 161)
½ Zwiebel
2 Knoblauchzehen
1 Bouquet garni (Kräutersträußchen
  aus Petersilienstängel,
  Lorbeerblatt und Thymian, in
  1 Lauchblatt gewickelt)
ca. 100 g Sahne
60 g Butter
feines Meersalz
natives Olivenöl extra

Die **weißen Bohnen** gründlich unter kaltem Wasser waschen, dann abtropfen lassen. In einen großen Topf geben, mit **Fond** aufgießen und zum Kochen bringen.

Zwiebel und **Knoblauch** schälen, den Knoblauch halbieren und den Keimling entfernen. **Bouquet garni**, Zwiebel und Knoblauch zu den Bohnen geben und das Ganze bei milder Hitze 1 Stunde köcheln lassen, bis die Bohnen ganz weich sind (bei Bedarf noch etwas mehr Fond zugießen).

Kräutersträußchen, Zwiebel und Knoblauch wieder entfernen. Die Bohnen abgießen, den Sud dabei auffangen. Die Bohnen zusammen mit etwas Sud in einem Mixer möglichst glatt pürieren. So viel Flüssigkeit zugeben, bis ein geschmeidiges, festeres Püree entstanden ist. Die Masse durch ein feines Sieb streichen und zurück in den Topf füllen.

Vor dem Servieren das Püree bei milder Hitze unter Rühren erwärmen. Die **Sahne** untermischen und die **Butter** in kleinen Stückchen zufügen. Das Püree sollte nun schön glatt und cremig sein. Ansonsten noch etwas mehr Sahne hinzufügen. Mit **Salz** abschmecken und mit etwas **Olivenöl** beträufeln.

AMUSE-BOUCHES

PARMESANSABLÉS

»Welch verlockender Duft durch die Backstube weht ...«

Für 4–6 Personen

100 g Parmesankäse
je 1 Zweig Rosmarin und Thymian
100 g weiche Butter
100 g Mehl
1 EL Olivenöl
1 Prise feines Meersalz
1 Ei

Den Backofen auf 160 °C (Ober-/Unterhitze) vorheizen. Den **Parmesan** fein reiben. **Rosmarin** und **Thymian** waschen und trocken schütteln. Die Nadeln bzw. Blättchen abzupfen und fein schneiden. **Alle Zutaten** miteinander vermengen, das **Ei** zuletzt einarbeiten.

Aus dem Teig kleine Kugeln formen und auf ein mit Backpapier ausgelegtes Backblech legen. Im Ofen etwa 8 Minuten goldbraun backen. Lauwarm servieren.

Dazu passen getoastetes Brot und luftgetrockneter Schinken.

WACHTELEIER

»Wahre Überraschungs-Eier!«

Für 4 Personen

12 Wachteleier
100 g Butter
500 g Brunnenkresse
feines Meersalz
Pfeffer aus der Mühle
1 Spritzer Tabasco
Piment d'Espelette
1 dicke Scheibe durchwachsener
   Speck
25 g pflanzliches Gelierpulver
   (z. B. von Sosa)

12 Sticks oder Zahnstocher

Die **Wachteleier** 3 Minuten in sprudelndem Wasser kochen, dann abschrecken und pellen. Unten gerade schneiden, damit sie aufrecht stehen bleiben.

Die **Butter** erhitzen, bis sie leicht bräunt und ein nussiges Aroma verströmt. Die **Brunnenkresse** verlesen, waschen und in kochendem Salzwasser blanchieren, dann abschrecken und mit dem Stabmixer fein pürieren. Die gebräunte Butter mit einem Schneebesen unter das Püree mengen. Mit **Salz**, **Pfeffer**, **Tabasco** und **Piment d'Espelette** abschmecken. Den **Speck** hinzufügen und ein paar Minuten ziehen lassen, dann wieder entfernen. Das **Gelierpulver** untermixen und das Püree nochmals aufkochen.

Die Sticks senkrecht in die hart gekochten Wachteleier stecken und diese in die heiße Geleemasse tauchen. Abtropfen lassen und zum Auskühlen auf eine Platte stellen. Bei Bedarf bis zum Servieren kühlen.

MUSCHELN IN SAFRAN-SAHNE-SAUCE

»Safran wärmt von innen und verzaubert die Sinne.«

Für 4 Personen

2 kg Muscheln (Mies- oder
    Grünlippmuscheln)

Safransauce
1 Schalotte
etwas Butter
100 ml Weißwein (am besten
    Riesling), alternativ Wasser
3 Eigelb
3 Safranfäden
125 g Sahne
feines Meersalz
frisch gepresster Zitronensaft

Die **Muscheln** sauber kratzen und kurz in eiskaltem Wasser waschen. Vorsicht: Lässt man sie zu lange im Wasser liegen, verlieren sie ihren Saft, der für die Sauce so wichtig ist! Muscheln, die bereits leicht geöffnet sind, wegwerfen!
Die **Schalotte** schälen und in feine Würfel schneiden. Die **Butter** in einem Topf zerlassen und die Schalotte darin andünsten. Mit **Weißwein** ablöschen, kurz aufkochen und die Muscheln hineingeben. 2–3 Minuten bei geschlossenem Deckel im Sud ziehen lassen, bis sich die meisten geöffnet haben. Die Muscheln mit einem Schaumlöffel herausheben und alle noch geschlossenen Exemplare aussortieren.
200 ml vom Muschelsud abmessen, durch ein Haarsieb in einen Topf gießen und mit **Eigelben** und **Safranfäden** vermengen. Bei kleiner Hitze so lange rühren, bis die Sauce andickt. Die **Sahne** halbfest schlagen, unterziehen und mit **Salz** sowie ein paar Tropfen **Zitronensaft** abschmecken.
Die oberen Schalen der Muscheln entfernen, die unteren Hälften mit dem Muschelfleisch auf heißen Tellern anrichten. Die Sauce darübergeben. Die Teller nach Belieben nochmals 2–3 Minuten im Backofen erwärmen oder sofort servieren.

LÉAS TIPP Die delikate Safransauce lässt sich prima vorbereiten. Luftdicht verschlossen hält sie sich bis zu 3 Tage im Kühlschrank – oder man friert sie ein. Sie passt auch fantastisch zu einem schönen Fischfilet: Seezunge zum Beispiel oder Lachs – was man am liebsten hat.

SÜSSKARTOFFELCHIPS

»Achtung, Suchtgefahr!«

Für 4 Personen

3 Süßkartoffeln
1 l Erdnussöl
feines Meersalz
Pfeffer aus der Mühle
  (nach Belieben)

Die **Süßkartoffeln** schälen, waschen und in hauchdünne Scheiben (max. 2–3 mm dick) schneiden. Die Kartoffelscheiben gut trocken tupfen, das **Öl** in einem Topf erhitzen und die Kartoffeln darin portionsweise knusprig ausbacken. Auf Küchenpapier abtropfen lassen. Mit **Meersalz** und **Pfeffer** nach Belieben würzen und servieren.

FRITTIERTE FISCHE

»Köstlich knusprige Fische – zum Anbeißen!«

Für 4 Personen

52 Rotaugen (Plötze), ausgenommen
  und entschuppt
Mehl zum Wenden
2 l Erdnussöl
feines Meersalz
Pfeffer aus der Mühle
Zitronenspalten zum Servieren

Die kleinen **Fische** kalt abbrausen, trocken tupfen und leicht **mehlen**. Das **Öl** in einem Topf auf etwa 170 °C (Küchenthermometer) erhitzen und die Rotaugen darin ausbacken. Auf Küchenpapier kurz abtropfen lassen, dann mit **Salz** und **Pfeffer** würzen. **Zitronenspalten** beim Servieren dazureichen.

ROMANASALATHERZEN MIT ROQUEFORT, BIRNE UND WALNÜSSEN

»Was für eine Kombination ... verführerisch gut!«

Für 2 Personen

10–12 halbe Walnusskerne
Puderzucker zum Bestäuben
1 Birne
20 g Zucker
frisch gepresster Zitronen- und
    Limettensaft
2 kleine Romanasalatherzen
natives Olivenöl extra
50 g Roquefort-Käse
100 g Sahne
feines Meersalz
Pfeffer aus der Mühle
Kresse zum Garnieren
Crema di Balsamico (nach Belieben)

Den Backofen auf 160 °C (Ober-/Unterhitze) vorheizen. Die **Walnusskerne** auf einem Backblech verteilen, mit **Puderzucker** bestäuben und im Ofen ca. 20 Minuten karamellisieren.

Die **Birne** schälen, vierteln und das Kerngehäuse entfernen. Das Fruchtfleisch in längliche Stücke schneiden. Aus **Zucker**, etwas **Zitronensaft** und 125 ml Wasser einen Sirup kochen und die Birne darin abgedeckt etwa 3 Minuten bei schwacher Hitze garen. Den Topf vom Herd nehmen und die Birne im Sud abkühlen lassen – so verfärbt sie sich nicht.

Den **Salat** im Ganzen waschen, unschöne äußere Blätter entfernen. Das Herz quer halbieren, den Strunk nicht entfernen. Die Schnittflächen mit etwas **Olivenöl** und **Limettensaft** beträufeln. Den **Käse** klein würfeln und mit **Sahne** sowie etwas Limettensaft verrühren, dann mit **Salz** und **Pfeffer** abschmecken. Die oberen Salathälften in einzelne Blätter zerteilen. Die unteren Hälften sowie die Blätter großzügig mit Sauce einstreichen und kurz ziehen lassen.

Zum Servieren die Salathälften und die Blätter auf Tellern anrichten. Die restliche Sauce darüberträufeln. Mit Birnenstücken sowie karamellisierten Walnüssen dekorieren und mit Pfeffer bestäuben. Den Salat mit etwas **Kresse** garnieren. Wer mag, dressiert noch etwas **Balsamicocreme** auf die Teller.

FEINER ROTE-BETE-SALAT

»Mein absoluter Lieblingssalat — kein anderer ist schneller zubereitet und schmeckt köstlicher!«

Für 2 Personen

½ kleine Schalotte
2–3 Rote Beten
2 EL Reisessig
2 EL Balsamicoessig
1 Prise Piment d'Espelette
feines Meersalz
¼ Gurke
Grün von 1 Frühlingszwiebel

Die **Schalotte** schälen und fein schneiden. Die **Roten Beten** bei Bedarf häuten (am besten mit Einweghandschuhen) und mit dem Gemüsehobel zu sehr feinen Spaghetti reiben. Die beiden **Essigsorten** mit **Piment d'Espelette** und etwas **Meersalz** verrühren, dann mit Roter Bete und Schalotte vermengen. Ein paar Minuten ziehen lassen.

Die **Gurke** waschen, in feine Scheiben hobeln, kreisförmig auf Tellern anrichten und leicht salzen. Den Rote-Bete-Salat mithilfe einer Gabel aufdrehen und mittig auf den Gurkenscheiben drapieren. Das **Frühlingszwiebelgrün** waschen, trocken tupfen, in Ringe schneiden, über den Salat streuen und servieren.

KÜCHE

Ich werde mich
jetzt zu einem
Kochkurs anmelden!

Super Idee!

Ich krieg nämlich
langsam Hunger.

BOUILLON
VON EDELFISCHEN

»Raffiniert, und trotzdem einfach!«

Für 4 Personen

1 kleine Karotte

1 kleine Zwiebel

½ kleine Fenchelknolle

½ Stange Staudensellerie

das Weiße von ½ Stange Lauch

1 kleine Knoblauchzehe

1 TL Olivenöl

500 ml Gemüsebrühe (s. S. 159)

1 Sternanis

feines Meersalz

ein paar Safranfäden

250 g Fischfilet (z. B. Lachs,
    Kabeljau, Rotbarsch)

Cayennepfeffer

Das **Gemüse** putzen, bei Bedarf waschen oder schälen und in sehr feine Würfel schneiden. Das **Olivenöl** erhitzen, das Gemüse darin andünsten. Mit **Brühe** sowie 250 ml Wasser ablöschen, dann **Sternanis**, etwas **Salz** und **Safran** zugeben. 15 Minuten leise köcheln lassen.

Die **Fischfilets** kalt abspülen, auf Gräten testen und in Stücke schneiden, nach Belieben den Fisch einrollen und mit einem Zahnstocher fixieren. Sobald das Gemüse bissfest ist, den Fisch hinzugeben und 5–6 Minuten bei mittlerer Hitze in der Brühe garen.

Vor dem Servieren die Zahnstocher entfernen. Die Bouillon mit Salz und **Cayennepfeffer** abschmecken und in vorgewärmten Schüsseln oder Tassen anrichten. Dazu passt Knoblauchbrot.

SELLERIECREMESUPPE

»Macht Lust auf mehr!«

Für 2 Personen

Selleriesalz

10 g Selleriegrün
1 TL feines Meersalz

Suppe

300 g Knollensellerie
   (geputzt gewogen)
½ Zwiebel
1 TL Butter
½ l Gemüsebrühe (s. S. 159)
feines Meersalz
Pfeffer aus der Mühle
1 Spritzer Zitronensaft
Piment d'Espelette

Außerdem

1 guter Schuss Sahne
Piment d'Espelette

Für das Salz den Backofen auf 80 °C (Umluft) vorheizen. Das **Selleriegrün** bei Bedarf waschen und trocken schütteln, ein wenig zum Garnieren klein schneiden und beiseitelegen, den Rest auf einem Backblech in den Ofen schieben. Einen Holzlöffel in die Ofentür klemmen, damit die Feuchtigkeit entweichen kann. Nach 20–30 Minuten das trockene Grün kurz abkühlen lassen und mit dem **Meersalz** im Mörser fein zerstoßen.

Für die Suppe den **Sellerie** putzen, schälen und klein würfeln. Die **Zwiebel** schälen und fein schneiden. Die **Butter** in einem Topf erhitzen, die Zwiebel kurz anschmoren, dann den Sellerie zugeben. Die **Brühe** angießen und 20 Minuten abgedeckt köcheln lassen. Alles mit dem Stabmixer pürieren und durch ein Sieb passieren. Die Suppe mit **Salz**, **Pfeffer**, ein wenig **Zitronensaft** sowie **Piment d'Espelette** abschmecken. Die **Sahne** halbfest schlagen und mit Selleriesalz sowie **Piment d'Espelette** würzen.

Zum Servieren die Suppe auf vorgewärmte Teller oder Schüsseln verteilen und mit einem Klecks Sahne sowie zurückgelegtem Selleriegrün garnieren.

FENCHELFLAN MIT TOMATEN UND ZUCCHINI

»Eine köstliche kleine Vorspeise, die lauwarm oder auch kalt serviert werden kann.«

Für 4 Personen

200 g Fenchelknolle
½ Zwiebel
Olivenöl
feines Meersalz
50 ml Vollmilch
75 g Sahne
1 Ei
1 Eigelb
Pfeffer aus der Mühle
4 Tomaten
1 Mini-Zucchini

4 Portionsförmchen (à 100 ml)
Butter für die Förmchen

Den **Fenchel** waschen, putzen und in kleine Würfel schneiden, dabei etwas Fenchelgrün beiseitelegen. Die **Zwiebel** schälen und ebenfalls klein schneiden. 1 EL **Olivenöl** in einem Topf erhitzen, die Zwiebel darin anschwitzen, dann den Fenchel zugeben. Etwas **Meersalz** sowie 1–2 EL Wasser zufügen, abdecken und alles bei schwacher Hitze 20 Minuten im eigenen Saft garen. Anschließend den Deckel abnehmen und die Flüssigkeit unter ständigem Rühren verdunsten lassen. Je trockener das Gemüse, desto besser gelingt der Flan!

Den Backofen auf 150 °C (Ober-/Unterhitze) vorheizen. Die Förmchen ausbuttern. Die **Milch** einmal kurz aufkochen lassen, dann mit **Sahne**, **Ei** und **Eigelb** unter das Gemüse mischen. Alles mit dem Stabmixer sehr fein pürieren und durch ein Haarsieb passieren. Die Masse mit Salz und **Pfeffer** abschmecken und in die Förmchen füllen.

Ein tiefes Backblech 2–3 cm hoch mit heißem Wasser füllen und die Förmchen hineinstellen. Die Masse ca. 1 Stunde im Ofen stocken lassen. Dann kurz einige Minuten abkühlen. Die Flans mit einem spitzen Messer vom Formrand lösen und auf Teller stürzen.

Die **Tomaten** kurz mit heißem Wasser überbrühen, häuten und halbieren. Die Tomatenhälften in dünne Scheiben schneiden und rund um die gestürzten Fenchelflans anrichten. Mit etwas Olivenöl beträufeln und mit Salz und Pfeffer würzen.

Die **Mini-Zucchini** waschen, putzen und halbieren, dann in dünne Scheiben schneiden und kurz in kochendem Salzwasser blanchieren. Die Zucchini rund um die Flans auf den Tomaten anrichten. Die Flans mit etwas Fenchelgrün garniert servieren.

KARTOFFELFLAMMERI

*»Auch wenn es hier nicht um Feuer geht, wird diese
köstliche Vorspeise sicher auch in Ihnen Liebe entfachen.«*

Für 2 Personen

Flammeri

2 große Kartoffeln
½ Schalotte
das Weiße von ¼ Stange Lauch
20 g Butter
250 ml Geflügelfond (s. S. 161)
100 g Sahne
Meersalz
1 schwarzer Trüffel zum Garnieren
   (nach Belieben)
Kerbelblättchen zum Garnieren

Sauce

½ Schalotte
20 g Butter
100 ml Geflügelfond
Blättchen von 1 Zweig Thymian
60 g Sahne
gehackter Trüffel

2 Ausstechringe (ca. 6 cm Ø)

Die **Kartoffeln** schälen und gründlich waschen. Von jeder
Kartoffel mit einem Sparschäler ein langes dünnes Band
abschneiden und in eine Schüssel mit Wasser legen, den Rest
klein würfeln. Die **Schalotte** schälen und fein schneiden. Den
Lauch putzen, gründlich waschen und in Streifen schneiden.
Die **Butter** in einem Topf erhitzen und Schalotte und Lauch
darin andünsten. Die Kartoffelwürfel zugeben, **Fond** und **Sahne**
angießen. Das Gemüse 20–25 Minuten köcheln lassen, dann
mit dem Stabmixer fein pürieren.
Die Kartoffelbänder kurz in kochendem **Salzwasser** blanchieren.
Den Backofen auf 90 °C (Umluft) vorheizen, dabei eine
ofenfeste Schüssel mit Wasser auf den Ofenboden stellen.
Die Ausstechringe unten mit Frischhaltefolie abdichten, mit
den Kartoffelbändern auskleiden und auf ein mit Backpapier
ausgelegtes Backblech setzen. Die Kartoffelmousse in die
Formen füllen und im Ofen etwa 30 Minuten stocken lassen.
Den **Trüffel** in dünne Scheiben hobeln und diese in feine
Streifen schneiden.
Für die Sauce die **Schalotte** schälen und fein hacken. Die
Butter erhitzen und die Schalotte darin glasig dünsten. Den
Fond angießen, **Thymian** zugeben und die Flüssigkeit auf die
Hälfte reduzieren lassen. Zum Schluss die **Sahne** zugießen.
Die Sauce durch ein Sieb passieren und mit etwas gehacktem
Trüffel aromatisieren.
Die Kartoffelflammeri auf vorgewärmten Tellern anrichten,
etwas Sauce angießen und mit den Trüffelstreifen sowie ein
paar **Kerbelblättchen** garnieren.

TARTE FINE MIT ZWIEBELCONFIT UND SHIITAKEPILZEN

»Asien trifft Frankreich – welch kulinarischer Genuss!«

Für 4–6 Personen

Zwiebelconfit

1 kg kleine weiße Zwiebeln

50 g Butter

50 ml Olivenöl

feines Meersalz

Pfeffer aus der Mühle

100 g Zucker

100 g Honig

abgeriebene Schale von
   1 Bio-Orange

100 ml Weißweinessig

100 ml Apfelessig

200 ml trockener Weißwein
   (z. B. Riesling)

100 g Korinthen

50 ml Balsamicoessig

Tarte fine

250 g Shiitakepilze

3 Schalotten

15 g Butter

feines Meersalz

Pfeffer aus der Mühle

ca. 350 g Blätterteig (aus dem
   Kühlregal oder selbst gemacht)

Grün von 1 Frühlingszwiebel

gehobelter Trüffel (nach Belieben)

5 Schraubgläser (à 200 g)

Für das Confit die **Zwiebeln** schälen und fein schneiden. **Butter** und **Olivenöl** in einem Topf mit schwerem Boden erhitzen und die Zwiebeln bei kleiner Hitze etwa 5 Minuten andünsten. Sie sollen weich werden, ohne zu viel Farbe zu bekommen. **Salzen** und **pfeffern**.

Zucker, **Honig** sowie **Orangenabrieb** zugeben und alles auf kleiner Flamme weitergaren. Dabei ab und zu mit einem Holzlöffel umrühren. Nach ca. 10 Minuten **Weißwein**- und **Apfelessig** sowie den **Wein** dazugießen und die **Korinthen** untermischen. 50 Minuten köcheln lassen, zwischendurch immer wieder umrühren. Die Flüssigkeit wird so reduziert, die Zwiebeln kandieren.

Zum Schluss **Balsamico** zufügen, alles ein letztes Mal aufkochen und mit Salz und Pfeffer abschmecken. Die kandierten Zwiebeln bis zum Rand in vorbereitete Gläser füllen und bis zum nächsten Tag offen abkühlen lassen. Erst dann die Deckel aufschrauben und die Gläser im Kühlschrank aufbewahren.

Für die Tarte fine die **Pilze** putzen und je nach Größe halbieren oder vierteln. Die **Schalotten** schälen und fein würfeln. Die **Butter** in einem Topf zerlassen und die Schalotten darin anschwitzen. Sobald sie anfangen, Farbe zu bekommen, die Shiitakepilze zugeben, **salzen**, **pfeffern** und 10–15 Minuten auf kleiner Hitze schmoren.

Den **Blätterteig** auf 3 mm ausrollen, auf ein mit Backpapier ausgelegtes Backblech legen und 30 Minuten kalt stellen. Inzwischen den Backofen auf 160 °C (Ober-/Unterhitze) vorheizen. Den Blätterteig etwa 15 Minuten backen – er sollte sehr kross und goldbraun sein. Abkühlen lassen. Mit einem Messer den Teig in Rechtecke schneiden (die Stücke aber noch zusammenlassen) und bis zum Servieren warm stellen.

Das **Frühlingszwiebelgrün** waschen und in Ringe schneiden. Das Zwiebelconfit erhitzen. Die Blätterteigrechtecke dick mit Confit bestreichen, mit Shiitakepilzen garnieren und mit Frühlingszwiebeln bestreuen. Für besondere Anlässe etwas **Trüffel** fein darüberhobeln.

Als kleinen Gruß aus der Küche beginnen wir mit einer... Nackenmassage!

LACHSCONFIT AUF PETERSILIENWURZELPÜREE UND KAVIAR

»Zartschmelzender Lachs, feinstes Wurzelpüree und köstlicher Kaviar – ein Gericht zum Verlieben!«

Für 4 Personen

Lachs

500 ml Olivenöl
300 g Lachsfilet ohne Haut
feines Meersalz

Petersilienwurzelpüree

300 g Petersilienwurzeln
500 ml Vollmilch
200 g Sahne
Zucker
feines Meersalz
Piment d'Espelette

Brunnenkressepüree

feines Meersalz
1 Bund Brunnenkresse
20 g Butter
Pfeffer aus der Mühle
1 Spritzer Zitronensaft

Außerdem

Gemüsechips
1 EL Keta Kaviar
Erbsensprossen zum Garnieren

Den Backofen auf 65 °C (Ober-/Unterhitze) vorheizen. Das **Öl** in einem Topf auf dem Herd handwarm erhitzen.

Den **Lachs** kurz kalt abspülen, trocken tupfen und in vier gleichmäßige Stücke schneiden. In eine kleine, vorgewärmte Auflaufform legen, etwas **salzen** und mit dem warmen Öl begießen, bis die Filetstücke vollständig bedeckt sind. Die Form mit Frischhaltefolie abdecken und den Fisch etwa 40 Minuten im Backofen ziehen lassen.

Für das Püree die **Petersilienwurzeln** putzen, schälen, klein schneiden und in einen Topf geben. **Milch** und **Sahne** in einem separaten Topf erhitzen. Kurz aufkochen, dann über die Petersilienwurzeln gießen. Eine Prise **Zucker** zufügen und die Wurzeln bei niedriger Temperatur weich kochen, anschließend die Flüssigkeit in einen Behälter abgießen und das Wurzelgemüse mit dem Stabmixer gründlich pürieren. So viel von der Flüssigkeit zugeben, bis die gewünschte Konsistenz erreicht ist. Das Püree mit **Meersalz** und einer Prise **Piment d'Espelette** abschmecken.

Für das Brunnenkressepüree in einem großen Topf Wasser aufkochen und **salzen**. Die **Brunnenkresse** gut waschen, die Stiele entfernen. Die Kresse 3 Minuten im Salzwasser blanchieren und mit der Schöpfkelle wieder herausheben. Gut abtropfen lassen, sonst wird es zu flüssig. Im Mixer fein pürieren und leicht salzen. Die **Butter** erhitzen, bis sie leicht bräunt und ein nussiges Aroma verströmt. Die Brunnenkresse erneut erwärmen und die gebräunte Butter, etwas **Pfeffer** sowie einen Spritzer **Zitrone** unterrühren. Zum Anrichten eine Nocke vom Petersilienwurzelpüree auf vorgewärmte Teller setzen. Den Lachs aus dem Öl heben, mit Küchenpapier abtupfen und auf dem Püree platzieren. Etwas Brunnenkressepüree dekorativ auf den Tellern verziehen, den Lachs mit je 1 **Gemüsechip**, ½ TL **Kaviar** sowie **Erbsensprossen** garnieren und servieren.

LÉAS TIPP Die Lachsfilets werden bei der niedrigen Temperatur nicht fertig gegart, sondern nur erwärmt. Bei höherer Temperatur würde das Eiweiß aus dem Fisch laufen.

JAKOBSMUSCHELN
UND ROTE BETE IM DUO

»Selten war ein Schachbrett so attraktiv!«

Für 2 Personen

2 gegarte Rote Beten
4 schöne Jakobsmuscheln
Erbsensprossen zum Garnieren
   (nach Belieben)

Vinaigrette
ca. 2 EL Olivenöl
ca. 1 EL Zitronensaft
ca. 1 EL Orangensaft
abgeriebene Schalen von Limette,
   Zitrone und Orange (jeweils
   Bio-Qualität)
feines Meersalz
Pfeffer aus der Mühle
Piment d'Espelette

Die **Roten Beten** bei Bedarf schälen bzw. die Haut (am besten mit Einweghandschuhen) vorsichtig abreiben. Die Rundungen abschneiden und die Beten in gleich dicke, quadratische Scheiben schneiden.

Die **Jakobsmuscheln** kalt abspülen, trocken tupfen, putzen und ebenfalls in gleichmäßige Scheiben schneiden.

Für die Vinaigrette **alle Zutaten** vermischen und das Mengenverhältnis nach Geschmack variieren. Eine flache Platte damit bestreichen. Rote Bete und Jakobsmuscheln darauf verteilen, mit Vinaigrette beträufeln und ca. 10 Minuten marinieren.

Zum Anrichten die Scheiben nebeneinander und abwechselnd auf flachen, am besten quadratischen Tellern im Schachbrettmuster verteilen. Nach Belieben nochmals Marinade darüberträufeln. Mit **Erbsensprossen** dekorieren. Dazu passt gegrilltes Baguette.

GARNELEN AUF RUCOLAPÜREE

»Bei den alten Römern galt er als Potenzmittel, in Verbindung mit Garnelen verspricht Rucola hier aber vor allem eins: puren Genuss!«

Für 2 Personen

5 Pimientos del Piquillo (spanische
   rote Paprikaschoten)
Olivenöl
30 g Butter
feines Meersalz
3 Bund Rucola (ca. 150 g)
frisch gepresster Zitronensaft
6 große Garnelen (frische oder TK)
Pfeffer aus der Mühle
edelsüßes Paprikapulver

Die **Piquillos** waschen, putzen und klein schneiden. Etwas **Olivenöl** in einem Topf erhitzen und die Schoten 30–60 Minuten darin abgedeckt bei schwacher Hitze weich garen, anschließend mit dem Stabmixer pürieren.

Die **Butter** erhitzen, bis sie leicht bräunt und ein nussiges Aroma verströmt.

In einem großen Topf Wasser aufkochen lassen und **salzen**. Den **Rucola** gut waschen und die Stiele abschneiden, dann die Blätter 3 Minuten im Salzwasser blanchieren. Mit der Schöpfkelle wieder herausheben und direkt in einen Standmixer füllen. Es darf ruhig etwas Wasser mit dabei sein. Gründlich pürieren und leicht salzen. Das Püree erneut in einem Topf erhitzen, die gebräunte Butter unterrühren und mit einem Spritzer **Zitrone** abschmecken.

Tiefgekühlte **Garnelen** vorher auftauen lassen. Die Garnelen längs am Rücken aufschneiden und den Darmfaden vorsichtig herausziehen. Etwas Olivenöl in einer Pfanne erhitzen. Die Garnelen salzen, **pfeffern** und im Öl gut anbraten. Mit etwas Zitronensaft sowie **Paprikapulver** würzen.

Zum Anrichten etwas Rucolapüree in tiefe Teller gießen und je drei Garnelen darauflegen. Den Rand mit Piquillocreme dekorieren und servieren.

AUSTERN IN GELEE

»Die Auster — bereits seit der Antike als Lustmacher bekannt!«

Für 4 Personen

12 gute Austern
1 Blatt Gelatine
frisch gepresster Zitronensaft
1 Kaviar-Limette
2 Stängel Pfefferminze
1 Salatgurke (ca. 160 g)
Meersalz
Pfeffer aus der Mühle

Außerdem
Crushed Ice zum Anrichten

LÉAS TIPP Meine Lieblingsauster ist die »Pousse en Claire d'Marennes-Oléron«. Sie ist groß, außerordentlich fleischig und sehr schmackhaft.
Kaviar-Limetten haben ihren Namen von ihrem perlenförmigen Fruchtfleisch, das in Form und Konsistenz an Kaviar erinnert.

Die **Austernschalen** mit einem Austernmesser vorsichtig öffnen. Den Muskel durchtrennen, die Austern herausnehmen und auf einen geeisten Teller legen. (Die Austern liebevoll behandeln, damit sie anschaulich bleiben.) Das Austernwasser aus den Schalen durch ein feines Sieb in eine Schüssel gießen, dann durch einen Kaffeefilter in eine kleine Kasserolle passieren, bis die Flüssigkeit klar ist. Bei niedriger Temperatur erhitzen.

Die **Gelatine** in kaltem Wasser einweichen, ausdrücken und im Austernwasser auflösen. Mit **Zitronensaft** abschmecken und im Kühlschrank stocken lassen.

Die **Kaviar-Limette** längs halbieren und die Perlchen vorsichtig herauslösen. Die **Minze** waschen, trocken schütteln und die Blätter in hauchdünne Streifen schneiden.

Die **Gurke** schälen, längs vierteln, die Kerne entfernen und das Fruchtfleisch in feine Würfelchen schneiden. Kurz in kochendem **Salzwasser** blanchieren, dann in Eiswasser abschrecken.

Zum Anrichten die tiefen, unteren Austernschalen gründlich waschen. **Gecrushtes Eis** auf einer vorgekühlten Platte verteilen und die Schalen darauflegen. Je 1 TL Gurkenwürfel hineinfüllen, die Austern daraufsetzen und mit etwas **Pfeffer** übermahlen. Mit gestocktem Austerngelee, Kaviar-Limette und Minze toppen, etwas Zitronensaft darüberträufeln und servieren.

CARPACCIO VOM RIND

»Sieht nicht nur verführerisch aus, schmeckt auch so!«

Für 4–6 Personen

400 g falsches Rinderfilet aus
   der Schulter (Buglende)
150 ml guter Balsamicoessig
2 EL Mayonnaise (s. S. 57)
1 Msp. Piment d'Espelette
3 Tropfen Worcestersauce
1 Spritzer Zitronensaft
   (nach Belieben)
feines Meersalz
bunter Pfeffer aus der Mühle
Brunnenkresse und Rucola zum
   Garnieren

Das **Rinderfilet** parieren (von Haut und Fett befreien), fest in Frischhaltefolie einwickeln und etwa 1 Stunde einfrieren. (Dadurch bekommt es eine schöne runde Form und man kann es hauchdünn aufschneiden.)

Den **Balsamico** in einem kleinen Topf bei niedriger Hitze auf etwa die Hälfte sirupartig einkochen lassen. Mit den **restlichen Zutaten** vermengen und die Sauce mit **Meersalz** und **Pfeffer** abschmecken.

Das Rinderfilet mit einer Schneidemaschine in dünne Scheiben schneiden, auf vorgekühlten Tellern anrichten und mit der Sauce beträufeln. Das Carpaccio mit **Brunnenkresse** und **Rucola** garnieren. Etwas Meersalz und Pfeffer grob darübermahlen und servieren.

LÉAS TIPP   Wer keine Schneidemaschine hat, sollte nur echtes Filet verwenden, da es zarter ist und sich nach dem Schneiden zwischen festen Plastikfolien noch plätten lässt. Ein scharfes Messer ist allerdings unerlässlich.

RINDERTATAR

»3-Sterne-Flair zum Vernaschen.«

Für 2 Personen

Mayonnaise

2 sehr frische Eigelb
1 EL Dijonsenf
250 ml Erdnuss- oder Pflanzenöl
feines Meersalz
Pfeffer aus der Mühle
frisch gepresster Zitronensaft

Tatar

150 g Rinderfilet
½ Schalotte
2–3 Cornichons
1 EL Mayonnaise (s. oben)
1 Eigelb
1 TL Zitronensaft
1 TL Ketchup
1 EL Worcestersauce
je 1 TL Kapern
2 EL fein geschnittene glatte
    Petersilie
1 EL Schnittlauchröllchen
feines Meersalz
Pfeffer aus der Mühle
Piment oder Tabasco

Fleischwolf

Für die Mayonnaise **Eigelbe** und **Senf** mit dem Schneebesen verquirlen, dann langsam das **Öl** unterschlagen. Dabei darauf achten, dass das Öl stets in dünnem Strahl gleichmäßig in die Eigelbmasse läuft. Die Mayonnaise nochmals kräftig durchschlagen und mit **Meersalz** und **Pfeffer** würzen. Ein paar Spritzer **Zitronensaft** unterrühren.

Für das Tatar das zarte **Rindfleisch** durch die mittlere Scheibe des Fleischwolfs drehen. Wer keinen besitzt, kann auch seinen Metzger bitten, dies zu tun. Die **Schalotte** schälen und zusammen mit den **Cornichons** fein würfeln. Die **Mayonnaise** mit **Eigelb** und **Zitronensaft** mischen. **Ketchup** und **Worcestersauce** unterrühren. Die Sauce mit Fleisch, Zwiebeln Gürkchen und **Kapern** vermengen, die **Kräuter** unterheben, dann mit **Salz**, **Pfeffer** und **Piment** abschmecken.

Das Tatar mithilfe eines Dressierrings auf großen kalten Tellern anrichten. Nach Belieben mit einem Messerrücken ein Muster in das kalte Tatar drücken und servieren.

LÉAS TIPP   Die übrige Mayonnaise lässt sich ein paar Tage in einem luftdicht verschlossenen Glas im Kühlschrank aufbewahren – eine gute Orientierung bietet das Mindesthaltbarkeitsdatum der Eier.

DELIKATE
LIEBES-GRÜSSE

OMELETTE MIT TRÜFFEL

»So einfach, so schnell, so hochkarätig!«

Für 2 Personen

20 g Butter
5–6 Eier
feines Meersalz
Pfeffer aus der Mühle
1 schwarzer Trüffel

Die **Butter** in einer Pfanne schön heiß werden lassen, aber nicht bräunen. Die **Eier** in einer Schlüssel leicht mit einer Gabel aufschlagen. Mit etwas **Meersalz** und **Pfeffer** würzen, dann sofort in die heiße Pfanne gießen und braten. Das Angebackene vom Rand dabei mit einer Gabel immer wieder in die Mitte schieben. Das Omelette sollte unten und oben leicht gebacken sein.

Den **Trüffel** in dünne Scheiben hobeln und das Omelette damit bestreuen. Dazu passt getoastetes Brot und etwas Butter.

LÉAS TIPP   Ein Omelette sollte niemals aus mehr als 6 Eiern gebraten werden. Lieber einen zweiten Eierkuchen backen!

KÜRBIS-PARMESAN-NUDELPÄCKCHEN

»Außen hui, innen wow!«

Für 4 Personen

ca. ¼ Muskatkürbis
1 kleine Zwiebel
2 EL Butter
100–200 ml Geflügelfond (s. S. 161)
feines Meersalz
Pfeffer aus der Mühle
100 g Parmesankäse
1 Ei
500 g Nudelteig (s. S. 168)
25 g gesalzene Butter

Außerdem
8 Salbeiblätter
60 g Butter
feines Meersalz
Pfeffer aus der Mühle
Parmesanspäne

Nudelmaschine

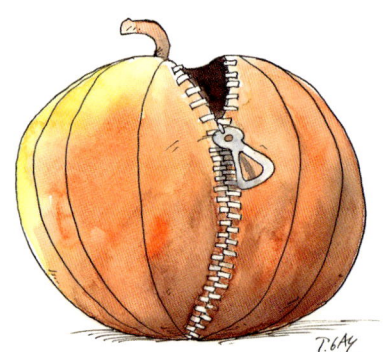

Den **Kürbis** schälen, entkernen und in Stücke schneiden.
Die **Zwiebel** schälen und fein hacken. Die **Butter** in einem
Topf erhitzen, die Zwiebel darin anschwitzen, dann den
Kürbis zugeben. Etwas **Fond** angießen, um ein Anbrennen zu
verhindern, den Topf abdecken und 30 Minuten köcheln lassen.
Den weichen Kürbis mit dem Stabmixer pürieren. Nochmals
aufkochen, um die Flüssigkeit zu reduzieren, dann abkühlen
lassen. Das Püree mit **Salz** und **Pfeffer** abschmecken. Den
Parmesan fein reiben und mit dem **Ei** unter das Püree rühren.
Den Backofen auf 180 °C (Ober-/Unterhitze) vorheizen.
Aus dem **Nudelteig** mit der Nudelmaschine dünne Bahnen
ausrollen und diese auf 20 cm zuschneiden. In kochendem
Salzwasser 2 Minuten garen, dann in Eiswasser abschrecken.
Die Teigplatten auf Küchenpapier ausbreiten und in die
Mitte 1 EL Kürbispüree setzen. Den Teig so falten, dass nichts
auslaufen kann. Die Ecken einklappen. Die **salzige Butter**
zerlassen. Die Nudelpäckchen in eine feuerfeste Schale
setzen, leicht mit der flüssigen Butter bepinseln und im Ofen
5–8 Minuten goldbraun backen.
Vor dem Servieren den **Salbei** waschen und trocken tupfen.
Die **Butter** erhitzen und mit dem Salbei aromatisieren.
Die Nudelpäckchen auf Tellern anrichten, mit der
Salbeibutter beträufeln, leicht **salzen** und **pfeffern** und mit
Parmesanspänen garnieren.

KARTOFFELRÖSTI MIT GEBEIZTEM WILDLACHS UND KAVIAR

»Der Klassiker: Kaviar – betörend für die Sinne.«

Für 4 Personen

Lachs (2 Tage im Voraus zubereiten)

25 g schwarze Pfefferkörner

250 g grobes Meersalz

170 g Zucker

40 g Fenchelsamen

400 g Wildlachsfilet mit Haut,
 entschuppt und entgrätet
 (ca. 1 Lachsseite)

Sahnecreme

3 EL Sahne

3 EL Crème fraîche

feines Meersalz

1 Spritzer Zitronensaft

Rösti

400 g Kartoffeln

feines Meersalz

Pfeffer aus der Mühle

Pflanzenöl zum Braten

Außerdem

Sevruga-Kaviar
 (ca. 8–10 g pro Person)

Ausstechring (10 cm Ø)

Die **Pfefferkörner** andrücken, dann mit **Salz**, **Zucker** und **Fenchelsamen** mischen. Ein Drittel der Beize in eine längliche Schüssel füllen. Das **Lachsfilet** mit der Hautseite nach oben auf die Beize legen und die restliche Mischung großzügig darüber verteilen. Mit Frischhaltefolie abdecken und im Kühlschrank je nach Dicke des Fischs 36–48 Stunden ziehen lassen.

Das Filet aus der Beize nehmen, gründlich unter kaltem Wasser abwaschen und mit Küchenpapier trocken tupfen. Den gebeizten Lachs mithilfe eines scharfen Tranchiermessers in dünne Scheiben schneiden. Jeweils zwei Lachsscheiben übereinanderlegen und mit dem Ausstechring zwei Kreise ausstechen.

Für die Creme 2 EL der **Sahne** steif schlagen. Die **Crème fraîche** glatt rühren und mit geschlagener sowie flüssiger Sahne zu einer halbfesten Creme verarbeiten. Mit **Salz** und **Zitronensaft** abschmecken.

Für die Rösti die **Kartoffeln** schälen, waschen und grob raspeln. Mit den Händen gut ausdrücken, dann leicht **salzen** und **pfeffern**. Etwas **Öl** in einer kleinen beschichteten Pfanne erhitzen und die Hälfte der Kartoffeln bis zum Rand locker einlegen. Das Rösti erst von einer Seite schön kross braten, dabei einmal anheben, damit sich das Fett gut verteilen kann, dann vorsichtig wenden und die zweite Seite fertig backen. Auf Küchenpapier abtropfen lassen und das zweite Rösti backen. Mit dem Ausstecher die Rösti nach Belieben gleichmäßig ausstechen.

Zum Servieren die heißen Rösti mit den Lachskreisen belegen, mit 1 EL Sahnecreme sowie etwas **Kaviar** garnieren und auf vorgewärmten Tellern anrichten.

DORADE MIT TOMATEN-ERDBEER-SALSA

»In der Salsa vereinigen sich Erdbeere, Symbol für Sinnesfreuden, und Tomate, auch als Liebesapfel bekannt. Lassen Sie Ihrer Fantasie freien Lauf!«

Für 2 Personen

gutes natives Olivenöl extra

feines Meersalz

Pfeffer aus der Mühle

4–5 verschiedenfarbige Tomaten
(z. B. rot, grün, gelb)

½ Bio-Limette

2–3 Erdbeeren

1 Spritzer Tabasco

4–5 Minzeblättchen

2 Doradenfilets (à 150 g)

Erbsensprossen zum Servieren
(nach Belieben)

Etwas **Olivenöl** mit **Salz** und **Pfeffer** würzen und großzügig auf einen Teller streichen. Zwei der **Tomaten** waschen, in Scheiben schneiden, auf den Teller legen und mit der restlichen Ölmarinade bestreichen. Ein paar Minuten ziehen lassen.

Für die Salsa die **Limette** waschen, abtrocknen und die Schale fein abreiben. Den Saft auspressen. Restliche Tomaten und **Erdbeeren** waschen und putzen, dann in sehr feine Würfelchen schneiden. In einer Schüssel mit 2 EL Olivenöl, Limettenschale und -saft sowie Salz, Pfeffer und etwas **Tabasco** vermengen. Die **Minze** waschen, trocken tupfen, fein schneiden und unterheben.

Die **Doradenfilets** kalt abspülen, trocken tupfen, auf Gräten abtasten und diese bei Bedarf entfernen. Die Hautseite mit einem scharfen Messer leicht einritzen und mit etwas Öl einreiben. Die Dorade von beiden Seiten leicht salzen. 2 EL Olivenöl in einer Grillpfanne erhitzen und die Filets nur auf der Hautseite etwa 2 Minuten braten. Sollte er sich wölben, den Fisch leicht flach drücken.

Die marinierten Tomatenscheiben auf Tellern anrichten und je ein Doradenfilet anlegen. Etwas Tomaten-Erdbeer-Salsa darangeben, nach Belieben mit **Erbsensprossen** garnieren und servieren.

ROTBARBE MIT OLIVENÖL-EMULSION

»Diesen köstlichen Fisch habe ich bei Joël Robuchon in Paris kennen- und lieben gelernt.«

Für 4 Personen

Fisch

1 rote Paprikaschote
1 feste Zucchini
Meersalz
500 g weiße Champignons
natives Olivenöl extra
2–3 Zweige Thymian
ein paar Safranfäden
Pfeffer aus der Mühle
8 Rotbarbenfilets (küchenfertig)

Sauce

125 ml Fischfond (s. S. 160)
3–4 EL natives Olivenöl extra
ein paar frische Basilikumblätter
1 Tomate
feines Meersalz
Pfeffer aus der Mühle

LÉAS TIPP Genießen Sie die Rotbarbe mit einem schönen Rosé, und Sie fühlen sich wie bei einem romantischen Abendessen an der Côte d'Azur.

Paprika und **Zucchini** waschen, putzen und in feine Streifen schneiden. Beides mit einem Spitzsieb 10 Sekunden in wallendem **Salzwasser** blanchieren. Herausheben, abtropfen lassen und mit Küchenpapier trocken tupfen. Die **Champignons** putzen und in feinste Würfelchen schneiden. Etwas **Olivenöl** in einer Pfanne erhitzen und das Gemüse darin kurz sautieren – es soll bissfest bleiben. Den **Thymian** waschen und trocken schütteln. Die Blättchen abzupfen, die **Safranfäden** klein schneiden und beides zum Gemüse geben. Dann salzen, **pfeffern** und auf einem vorgewärmten Teller beiseitestellen.

Für die Sauce den **Fischfond** in einer kleinen Kasserolle erhitzen und das **Olivenöl** mit dem Stabmixer unterschlagen. Das **Basilikum** waschen und trocken tupfen. Die **Tomate** mit heißem Wasser überbrühen und häuten, dann zusammen mit dem Basilikum klein schneiden und unter den Fond mixen. **Salzen**, **pfeffern**, dann warm halten.

Die **Rotbarben** kalt abspülen und trocken tupfen, dann auf Gräten testen und diese, falls nötig, entfernen. Damit der Fisch nicht am Pfannenboden haften bleibt, Backpapier auf Pfannengröße zurechtschneiden und hineinlegen, etwas Olivenöl darauf erhitzen und den Fisch kurz braten – er darf auf keinen Fall übergart werden! Auf Küchenpapier abtropfen lassen.

Die Sauce mit dem Gemüse auf vorgewärmten Tellern anrichten und die Rotbarbenfilets darauflegen. Bon Appétit.

SEEZUNGE AUF SAFRANRISOTTO

»Zarter Fisch auf cremigem Risotto – Harmonie pur!«

Für 4 Personen

Safranrisotto

200 g Risottoreis (z. B. Arborio
    oder Vialone Nano)
1 Schalotte
30 g Butter
feines Meersalz
100 ml Champagner oder
    guter Winzersekt
600 ml Geflügelfond (s. S. 161)
½ TL Safranfäden
2–3 EL frisch geriebener
    Parmesankäse

Seezunge

8 Seezungenfilets (à 60–70 g)
feines Meersalz
20 g Butter

Für den Risotto den **Reis** gründlich unter fließendem Wasser abspülen und abtropfen. Die **Schalotte** schälen und fein würfeln. Die **Butter** im Topf zerlassen und die Schalotte darin andünsten. Den Reis dazugeben, **salzen** und unter Rühren glasig anschwitzen. Mit einem guten Schuss **Champagner** ablöschen.

Den **Geflügelfond** in einem separaten Topf erhitzen.

Die **Safranfäden** zum Risotto geben. Den heißen Fond nach und nach schöpflöffelweise zugießen, dabei die Flüssigkeit nach jedem Schöpfer verkochen lassen. So fortfahren, bis die Brühe aufgebraucht ist. Aufgepasst: Beim Risottokochen muss man ständig ein Auge auf den Reis haben und immer wieder gut umrühren! Nach etwa 20 Minuten ist der Risotto wunderbar cremig.

Gegen Ende der Garzeit des Risottos die **Seezungenfilets** zwischen zwei Lagen Frischhaltefolie etwas flach klopfen, dann leicht **salzen**. Die **Butter** in einer großen Pfanne erhitzen. Die Filets nebeneinander hineinlegen und bei mittlerer Hitze von beiden Seiten insgesamt 3–4 Minuten farblos braten.

Den geriebenen **Parmesan** unter den Risotto heben und mit den Seezungenfilets auf vorgewärmten Tellern anrichten.

LÉAS TIPP Der Risotto wird noch cremiger, wenn Sie zum Schluss ein Stück gute Butter unterrühren.

WOLFSBARSCH IN SALZKRUSTE

»Wer Fisch mag, wird diesen lieben!«

Für 2 Personen

1 mittelgroßer Wolfsbarsch,
    ausgenommen und entschuppt
    (ca. 600–700 g)
4 Zweige Thymian
1 ½–2 kg grobes Meersalz
    (je nach Fischgröße)

Fleischthermometer

LÉAS TIPP   Wer gerne Sauce
zum Fisch hat, kann eine einfache
Fenchelsauce dazureichen.

Den Backofen auf 200 °C (Ober-/Unterhitze) vorheizen.
Die Kiemen vom **Wolfsbarsch** entfernen. Den Fisch unter
fließendem Wasser kalt abwaschen, dann trocken tupfen.
Thymian waschen, trocken schütteln und in die Bauchhöhle
füllen.

Das **Meersalz** mit so viel Wasser (ca. 200 ml) mischen, dass es
gerade feucht ist. Ein Viertel der Salzmischung auf einem mit
Backpapier ausgelegten tiefen Backblech zu einem fischgroßen,
knapp 1 cm hohen Sockel formen. Den Fisch darauflegen, das
restliche Salz großzügig darüber verteilen und andrücken.
Im vorgeheizten Ofen 15–20 Minuten backen, bis der Fisch
die gewünschte Gartemperatur von 55–60 °C erreicht
hat. Zur Überprüfung am besten nach 15 Minuten ein
Fleischthermometer durch die Salzkruste in den Fisch stecken.
Den Wolfsbarsch aus dem Ofen nehmen und 5 Minuten
ruhen lassen. Die Salzkruste mit einem großen Küchenmesser
aufschlagen, den Fisch vorsichtig herauslösen und auf eine
vorgewärmte Platte heben.

Zum Filetieren die obere Haut des Fisches entfernen. Das
Filet vorsichtig von der Mittelgräte ablösen und auf einen
vorgewärmten Teller legen. Die Gräte vom Schwanz des Fisches
aus mit einer Gabel abheben, dabei das untere Filet mit einem
Löffel von der Gräte lösen und anschließend aus der Haut
nehmen. Ebenfalls auf einen vorgewärmten Teller legen und
mit knusprigen Rösti (siehe S. 73) oder ofenfrischen Brötchen
(siehe S. 167) servieren.

GEBRATENE WACHTELN IM SPECKMANTEL

»Wer hat sich als Kind nicht wenigstens einmal ins Schlaraffenland geträumt ... Statt gebratener Tauben sind es hier Wachteln, die den Traum wahr machen!«

Für 2 Personen

grobes Meersalz

2 große Kartoffeln

1 Knoblauchzehe

4 Zweige Rosmarin, plus mehr
  zum Garnieren

2 Wachteln (küchenfertig)

feines Meersalz

Pfeffer aus der Mühle

2 EL Erdnussöl

2 Scheiben Bacon oder
  Frühstücksspeck

Küchengarn

Den Backofen auf 180 °C (Ober-/Unterhitze) vorheizen. Ein tiefes Backblech oder eine Bratreine mit **grobem Meersalz** bestreuen und etwas Wasser angießen. Die **Kartoffeln** waschen, gründlich abbürsten und auf dem Salz für 1 Stunde im Ofen garen.

Den **Knoblauch** schälen und halbieren, dabei den Keimling entfernen. Den **Rosmarin** waschen und trocken schütteln.

Die **Wachteln** von innen und außen gründlich abspülen, dann trocken tupfen. Innen und außen mit **Salz** und **Pfeffer** würzen, je ½ Knoblauchzehe sowie zwei Rosmarinzweige hineinstecken und das Geflügel mit Küchengarn zusammenbinden. Das **Erdnussöl** in einem kleinen Bräter erhitzen und die Wachteln rundherum leicht anbraten. Den **Speck** um die Wachteln wickeln, kurz im Bräter anbräunen und 15–20 Minuten vor Ende der Garzeit zu den Kartoffeln in den Ofen schieben.

Die Kartoffeln anschließend halbieren und mit je einer Wachtel servieren. Mit frischem Rosmarin garnieren.

ENTENBRUST
MIT ERDBEEREN UND
KARTOFFELSTROH

»Als Erdbeer-Botschafterin darf ein deftiges Gericht mit meinen Lieblingsfrüchten natürlich nicht fehlen!«

Für 2 Personen

2 Entenbrüste
feines Meersalz
Pfeffer aus der Mühle
ca. 100 ml Ahornsirup
1 Sträußchen Estragon
250 g Erdbeeren
1 EL Balsamicoessig
1 Prise Piment d'Espelette
2 mehligkochende Kartoffeln
1 l Erdnussöl

Die **Entenbrüste** parieren, also überflüssiges Fett und Sehnen entfernen. Das kleine Filet, falls noch vorhanden, von der Innenseite der Brüste abziehen. Die Fettschicht mit einem scharfen Messer rautenförmig einritzen. Kurz vor dem Anbraten von beiden Seiten **salzen** und **pfeffern**. Den Backofen auf 150 °C (Ober-/Unterhitze) vorheizen. In einer ofenfesten Pfanne 4 EL **Ahornsirup** erhitzen und die Entenbrüste mit der Hautseite nach unten anbraten. Ein paarmal nur kurz anheben, damit sie schön bräunen. Dann erst drehen und die Fleischseite 2–3 Minuten braten. Mit dem Ahornsirup aus der Pfanne dabei immer wieder übergießen. Anschließend im Ofen 5–10 Minuten fertig garen. Dazu die Brüste am besten auf einem Tortenrost über die Pfanne legen. So bleiben sie saftig.
Die Blättchen vom **Estragon** abzupfen und fein schneiden. Die **Erdbeeren** waschen und putzen. Die vier schönsten halbieren und beiseitelegen, den Rest vierteln. In einer zweiten Pfanne 2 EL Ahornsirup erhitzen und die Erdbeeren darin schnell sautieren, dann Estragon, **Balsamicoessig** sowie **Piment d'Espelette** zugeben. Wer es scharf liebt, mahlt noch etwas Pfeffer darüber.
Die **Kartoffeln** schälen und auf einem Gemüsehobel in feine Streifen schneiden. Dann waschen und gründlich trocken tupfen. Das **Öl** in einer tiefen Pfanne auf etwa 180 °C erhitzen. Das Kartoffelstroh im heißen Öl goldbraun frittieren. Auf Küchenpapier abtropfen lassen und mit Meersalz würzen.
Das Fleisch aus dem Ofen nehmen, in Alufolie wickeln und ein paar Minuten ruhen lassen. Zum Servieren die Entenbrüste in Scheiben schneiden und mit den gebratenen Erdbeeren auf vorgewärmten Tellern anrichten. Mit frischen Erdbeeren dekorieren und das knusprige Kartoffelstroh dazureichen.

Was ist heute
für ein Tag?

A) Unser Hochzeitstag?
B) Mein Geburtstag?
C) Unser Kennenlerntag?
D) Valentinstag?

Da möchte ich
meine Mutter
anrufen.

KNIDDELEN – LUXEMBURGER MEHLNOCKEN

»Eines meiner Lieblingsgerichte aus Kindheitstagen:
Es wärmt Magen und Seele!«

Für 4 Personen

Mehlnocken

3 Scheiben Toastbrot

150 ml Vollmilch

30 g Butter

500 g Mehl

5–6 Eier

feines Meersalz

Croûtons

2 Scheiben Toastbrot

30 g geklärte Butter (s. S. 158)

Sauce

6–7 Scheiben durchwachsener
   Speck (ca. 100 g)

120 g Sahne

feines Meersalz, bei Bedarf

Außerdem

1–2 EL Schnittlauchröllchen
   zum Garnieren

Für die Mehlnocken das **Toastbrot** entrinden, in kleine Stücke reißen und in der **Milch** einweichen. Die **Butter** schmelzen und abkühlen lassen. Das **Mehl** in eine Schüssel sieben, 5 **Eier**, **Salz** und das eingeweichte Brot mitsamt Milch dazugeben und mit einem Holzlöffel oder Teigschaber zu einem glatten, halbfesten Teig verrühren. Bei Bedarf ein weiteres Ei zufügen. Zum Schluss die flüssige Butter untermischen. Den Teig 30 Minuten bedeckt ruhen lassen.

Für die Croûtons den Backofen auf 150 °C (Ober-/Unterhitze) vorheizen. Das **Toastbrot** entrinden, die Scheiben mit einem scharfen Messer waagerecht halbieren, dann erst in ½ cm dünne Streifen, anschließend in möglichst feine Würfel schneiden. (Tipp: Die Toastbrotscheiben vorher leicht anfrieren, dann lassen sie sich leichter schneiden!)

Die **geklärte Butter** bei mittlerer Temperatur in einer Pfanne erwärmen, die Brotwürfel zugeben, in der Butter wenden und auf einem mit Backpapier ausgelegten Backblech verteilen. Die Croûtons 15 Minuten im Ofen goldbraun backen. Anschließend auf Küchenpapier abtropfen lassen.

Für die Sauce den **Speck** in dünne Streifen (Lardons) schneiden und in einer heißen Pfanne ohne Fettzugabe goldbraun und knusprig braten. Das ausgetretene Fett abgießen, dann den Speck mit **Sahne** ablöschen. Einmal aufkochen lassen und die Sauce bei Bedarf mit **Salz** abschmecken.

In einem großen Topf reichlich Wasser zum Kochen bringen und salzen. Aus dem Teig mithilfe eines Löffels kleine Nocken ausstechen und diese portionsweise im siedenden Salzwasser 3–4 Minuten gar kochen. Die Kniddelen mit einem Schaumlöffel herausheben und abtropfen lassen.

Zum Anrichten die Kniddelen auf Teller verteilen, die Specksauce darübergießen, großzügig mit Croûtons und **Schnittlauch** bestreuen und heiß servieren.

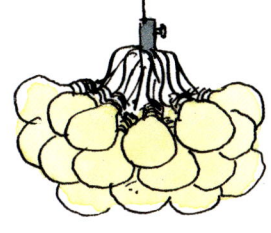

KARTOFFEL-SPECK-TARTE

»Auch wenn es manchmal ausweglos erscheint:
Diese köstliche Tarte hilft, so manche Kluft zu überwinden.«

Für 4–6 Personen

250 g magerer Bauchspeck in
    Scheiben
1 ½ kg mehligkochende Kartoffeln
ca. 1 l Vollmilch
1 l Sahne
100 g geriebener Käse (z. B.
    Greyerzer, Emmentaler)
weißer Pfeffer aus der Mühle

feuerfeste Form oder gusseiserner
    Topf (ca. 23 cm Ø)
geklärte Butter (s. S. 158) für die Form

Vom **Speck** die Schwarte entfernen. Die Form großzügig
mit geklärter Butter ausstreichen und mit den Speckstreifen
fächerförmig auslegen. Dabei ein gutes Stück Speck über den
Rand hängen lassen.

Die **Kartoffeln** schälen, waschen, in feine Scheiben hobeln,
erneut waschen und gut trocken tupfen. **Milch** und **Sahne** in
einem großen Topf erhitzen und die Kartoffeln zugeben. Die
Kartoffeln sollen gerade mit Flüssigkeit bedeckt sein, bei Bedarf
mehr Milch oder Wasser zugießen. 15–20 Minuten vorkochen,
dann abgießen. Den Backofen auf 180 °C (Ober-/Unterhitze)
vorheizen.

Ein Drittel der Kartoffeln in der Form verteilen und mit einem
Drittel des **geriebenen Käses** bestreuen. So weiterschichten,
bis die Kartoffeln aufgebraucht sind. Mit Käse abschließen. Die
überhängenden Speckstreifen darüberklappen.

Die Form auf dem Herd leicht erhitzen, damit die untere
Schicht Speck heiß wird. Dann abdecken und für 30 Minuten in
den heißen Ofen schieben. Die Kartoffeln sollen butterweich
werden (zum Testen mit einem spitzen Messer hineinstechen).
Den Auflauf herausnehmen und 15 Minuten auf einem Rost
abkühlen lassen, anschließend vorsichtig auf einen großen,
vorgewärmten Teller stürzen. Die Kartoffel-Speck-Tarte
großzügig **pfeffern** und servieren.

Dazu passt ein schöner, knackiger Salat mit würziger
Vinaigrette sowie ein leichter Rotwein. Bon Appétit!

BULETTEN À LA MARIE ANTOINETTE

»Ich liebe diese Buletten, die meine Mutter schon in meiner Kindheit aufgetischt hat.«

Für 2 Personen

1 kleine Zwiebel

150 g Schweinehackfleisch

150 g Rinderhackfleisch

50 ml Vollmilch

1 Ei

1–2 EL Semmelbrösel

2 Stängel Petersilie

1 Stängel Majoran

feines Meersalz

Pfeffer aus der Mühle

frisch geriebene Muskatnuss
   (nach Belieben)

Mehl zum Wenden

Pflanzenöl zum Ausbacken

Die **Zwiebel** schälen, fein schneiden und in einer Schüssel mit **Hackfleisch**, **Milch**, **Ei** und 1 EL **Semmelbrösel** vermengen. Die **Kräuter** waschen und trocken schütteln. Die Blättchen von den Stängeln zupfen, klein schneiden und zur Fleischmasse geben. Kräftig **salzen** und **pfeffern**, nach Belieben mit ein wenig **Muskat** würzen. Alles gut miteinander verkneten, bis die Masse bindet. Bei Bedarf noch etwas mehr Semmelbrösel einarbeiten.

Um Konsistenz und Würzung zu testen, eine kleine Probebulette formen. Diese rundum in etwas **Mehl** wälzen und platt klopfen. 3–4 EL **Öl** in einer Pfanne erhitzen und die Bulette darin von beiden Seiten goldbraun braten. Hält sie zusammen und stimmt der Geschmack, aus der restlichen Fleischmasse Buletten in gewünschter Größe formen und wie oben beschrieben ausbacken.

Dazu passen Pommes Frites oder Rösti (siehe S. 73) und ein frischer grüner Salat.

Mal angenommen, unsere Ehe
würde in eine Krise geraten,
nur weil ich einmal fremd-
gegangen bin, zum Beispiel mit
unserer Nachbarin, die mich
verführt hat, gestern Abend,
als du beim Yoga warst...
Mal angenommen,
ich war nicht
beim Yoga...
P. GAY

LÉAS TIPP Wenn Sie keine Z
zum Nudelmachen haben, kauf
Sie frische Linguine. Die gibt's
bei kleinen Nudelmachern, in
italienischen Feinkostläden ode
gut sortierten Supermärkten.

OSSOBUCO IM GEMÜSE-NUDEL-BETT

»Zartes Kalbfleisch, gebettet auf wunderbarem Gemüse – zum Dahinschwelgen!«

Für 4 Personen

Ossobuco

800 g Kalbshachsen, am besten
　　vom Milchkalb
feines Meersalz
Pfeffer aus der Mühle
2 Schalotten
20 g Butter
2 Knoblauchzehen
1 EL Mehl
100 ml nicht zu trockener Weißwein
1 kleine Tomate
1 Stängel Liebstöckel
½ Bund Thymian
200 ml Kalbsfond (s. S. 162)
1 EL kalte Butter
Petersilienblättchen zum Servieren

Gemüse-Nudel-Bett

1 Karotte
das Hellgrün von 1 Stange Lauch
Meersalz
240 g Linguine (s. S. 168)
Olivenöl

Die **Kalbshachsen** trocken tupfen, **salzen** und **pfeffern**. Die **Schalotten** schälen und halbieren. Die **Butter** in einem ausreichend großen Bräter zerlassen, die Hachsen nebeneinander hineinlegen und goldbraun anbraten. Die Butter dabei immer wieder über das Fleisch löffeln, dann umdrehen und auch die zweite Seite bräunen, dabei die Schalotten sowie den ungeschälten **Knoblauch** zugeben. Das Fleisch mit **Mehl** bestäuben und erneut wenden, damit das Mehl mit anbrät. Mit **Weißwein** ablöschen und einkochen lassen.

Die **Tomate** mit heißem Wasser überbrühen, häuten und vierteln. Die **Kräuter** waschen und trocken schütteln. **Fond**, Tomate sowie Kräuter zum Fleisch geben und abgedeckt 40 Minuten köcheln. Das Fleisch ist perfekt, wenn es weich ist, aber nicht vom Knochen fällt.

Inzwischen für das Gemüsebett die **Karotte** putzen, schälen, erst längs in dünne Scheiben, dann in feine Streifen schneiden. Den **Lauch** gründlich waschen und ebenfalls in feine Streifen schneiden. Karotte und Lauch separat in kochendem **Salzwasser** blanchieren, dann abschrecken und abtropfen lassen.

Die **Nudeln** in wallendem Salzwasser 2–3 Minuten kochen (je nach Dicke), dann abgießen. Etwas **Olivenöl** untermischen und mit den Gemüsestreifen vermengen.

Die Gemüsenudeln auf Tellern anrichten. Die Hachsen darauflegen. Knoblauch sowie Kräuter aus der Sauce entfernen. Die **kalte Butter** in die Sauce rühren, mit Salz und Pfeffer abschmecken und über das Fleisch gießen. Das Ossobuco mit **Petersilie** garnieren und servieren.

KALBSLEBER MIT APFEL UND ZWIEBEL

»So schmeckt's gleich doppelt: Kalbsleber ist nicht nur lecker, sondern auch noch ein wahres Kraftpaket an Vitaminen, Spurenelementen und Vitalstoffen.«

Für 2 Personen

1 großer Apfel (am besten Boskop
  oder Golden Delicious)
Butter
Zucker
1 kleine Zwiebel
1–2 Salbeiblätter
feines Meersalz
Pfeffer aus der Mühle
60 ml Balsamicoessig
60 ml roter Portwein
Piment d'Espelette
2 schöne Scheiben von der Kalbsleber,
  nicht zu dünn geschnitten
  (mindestens 2–3 cm)
1 EL geklärte Butter (s. S. 158)
Mehl zum Bestäuben
getrocknete Blütenblätter zum
  Garnieren (nach Belieben)

LÉAS TIPP Getrocknete Blüten sind eine hübsche Spielerei fürs Auge: Mir machen sie Spaß, wenn welche vorrätig sind. Borretsch zum Beispiel ist so schön blau. Man kann aber auch darauf verzichten.

Den **Apfel** schälen und achteln, dabei das Kerngehäuse entfernen. 10 g **Butter** mit etwas **Zucker** in einer Pfanne erhitzen, schwenken und die Apfelstücke nebeneinander hineinlegen. Mit einer Prise Zucker bestreuen und die Apfelstücke von beiden Seiten goldbraun karamellisieren, dabei nicht zu weich werden lassen. (Ein Boskop muss schneller gebraten werden als ein Golden Delicious.) Herausnehmen und auf einem Teller warm stellen.

Die **Zwiebel** schälen, halbieren und in Scheiben schneiden. Den **Salbei** waschen und trocken tupfen. Etwas Butter zerlassen und die Zwiebel darin schmoren, dann **salzen**, **pfeffern** und den Salbei zugeben.

Balsamico und **Portwein** in einem Topf erhitzen, etwas einkochen lassen und mit **Piment d'Espelette** würzen.

Die äußere, dünne Haut der **Leber** entfernen. Sie lässt sich relativ leicht abziehen. Die **geklärte Butter** in einer Pfanne erhitzen. Die Lebern mit etwas **Mehl** bestäuben und in der heißen Butter schön goldbraun braten. Zum Schluss mit etwas Salz und Pfeffer würzen.

Die Apfelscheiben im Halbkreis auf vorgewärmten Tellern anrichten und die Lebern anlegen. Die geschmorten Zwiebeln in der Mitte drapieren und alles mit etwas Reduktion beträufeln. Nach Belieben mit **getrockneten Blütenblättern** garnieren und servieren.

Nein, nein... jetzt
genieß du mal dein
Wochenende. Ich komm
hier klar. – Ich habe
mir gerade was
leckeres gekocht...

GEBRATENES RINDERFILET

*»Für alle, die ein wunderbares Stück Fleisch nicht vom
Tellerrand schubsen.«*

Für 4 Personen

4 Rinderfiletsteaks (ca. 6 cm dick,
   à 120–150 g)
40 g Butter
1 EL Butterschmalz
feines Meersalz
2 Knoblauchzehen
1 kleine Zwiebel
1 kleines Bund Schnittlauch
Pfeffer aus der Mühle

Küchengarn

Die **Rinderfiletsteaks** rundherum mit Küchengarn in Form binden und mit der Handfläche etwas flach drücken. **Butter** und **Butterschmalz** in einer heißen Pfanne mit dickem Boden zerlassen. Das Fleisch **salzen** und mit dem ungeschälten **Knoblauch** in die Pfanne legen, sobald die Butter aufhört zu schäumen. Die Steaks leicht anheben, damit sich das Fett darunter verteilen kann, dann von beiden Seiten insgesamt 8–10 Minuten medium braten. Die heiße Butter dabei immer wieder über die Steaks löffeln, damit sie gleichmäßig garen und eine schöne Farbe annehmen. Die Pfanne vom Herd nehmen und die Rinderfilets noch kurz darin ruhen lassen.

Die **Zwiebel** schälen und fein würfeln. Den **Schnittlauch** waschen, trocken schütteln und in Röllchen schneiden. Zwiebel und Schnittlauch miteinander vermengen.

Die Steaks auf vorgewärmten Tellern anrichten. Je 1 EL des Zwiebel-Schnittlauch-Gemischs auf das Fleisch geben. Etwas Meersalz und **Pfeffer** frisch darübermahlen und die Steaks sofort servieren. Dazu passen ein frischer grüner Salat sowie knusprige Rösti (siehe S. 73).

RINDERROULADEN AUF ERBSEN

*»Erbsen lassen die Haut leuchten, habe ich mir sagen
lassen. Wie dem auch sei – in Verbindung mit meinen
köstlichen Rouladen wird jeder vor Verzückung strahlen.«*

Für 6 Personen

6 dünne Rinderfilets (à ca. 80 g)
feines Meersalz
Pfeffer aus der Mühle
2 Zwiebeln
2 Stängel Basilikum
2 Stängel Majoran
3 EL Butter
100 g Blattspinat
200 ml Geflügelfond (s. S. 161)
1 Glas trockener Weißwein
    (nach Belieben)
200–300 g frische Erbsen
1 Knoblauchzehe
1 Prise Zucker

Küchengarn oder kleine Holzspieße

LÉAS TIPP   Ich mag Erbsen am
liebsten frisch gepalt und – kein
Witz! – auch noch halbiert. Ganz
feine Küche also!

Das **Fleisch** sehr dünn klopfen, auf einem Brett auslegen und
mit **Salz** und **Pfeffer** würzen. Die **Zwiebeln** fein würfeln.
Basilikum und **Majoran** waschen, trocken schütteln, die
Blättchen abzupfen und fein schneiden. 1 EL **Butter** in einem
Topf erhitzen und die Zwiebeln darin hellgelb dünsten. Kräuter
dazugeben und den Topf vom Herd nehmen.

Den **Spinat** sorgfältig waschen und putzen. Etwa 1 Minute in
sprudelnd kochendem Salzwasser blanchieren, dann sofort
in Eiswasser abschrecken. Abgießen und mit Küchenpapier
trocken tupfen. Den Spinat auf dem gewürzten Fleisch verteilen
und die Kräuterzwiebeln daraufgeben. Das Fleisch zu Rouladen
aufrollen und mit Küchengarn oder kleinen Holzspießen
fixieren.

1 EL Butter in einem Bräter erhitzen und die Rouladen darin
rundherum gut anbraten. Den **Geflügelfond** angießen, nach
Belieben **Weißwein** zufügen und das Fleisch etwa 30 Minuten
im geschlossenen Topf schmoren. Die Rouladen herausheben,
den Bratensud durch ein Sieb passieren und mit Salz und Pfeffer
abschmecken.

Die **Erbsen** putzen und kurz in kochendem Salzwasser
blanchieren. Den **Knoblauch** schälen und zerdrücken. Die
restliche Butter in einem Topf zerlassen und Knoblauch sowie
Erbsen darin anschwitzen. Einen Schuss Wasser zugeben und
mit Salz und **Zucker** abschmecken.

Die Rouladen auf vorgewärmten Tellern anrichten, den feinen
Bratensud darübergießen und mit den Erbsen servieren.

LÉAS TIPP Chateaubriand ist ein wunderbares Fleischstück, das oben aus dem Filet geschnitten wird. Dieser Cut heißt Chateaubriand. Am besten schmeckt es mir rare oder medium rare.

CHATEAUBRIAND MIT CHICORÉE UND SHIITAKEPILZEN

»Teilen erwünscht: Dieses wunderbare Stück Fleisch ist groß genug für den Genuss zu zweit.«

Für 2 Personen

Chateaubriand

400 g Chateaubriand
   (Doppellendensteak)
2 EL geklärte Butter
   (s. S. 158)
feines Meersalz
Pfeffer aus der Mühle
20 g Butter
2 Knoblauchzehen
1 Sträußchen Thymian

Chicorée

2 Köpfe Chicorée
20 g Butter
feines Meersalz
1 Prise Zucker

Pilze

80 g Shiitakepilze
½ Schalotte
10 g Butter
feines Meersalz
Pfeffer aus der Mühle

Das **Chateaubriand** aus dem Kühlschrank nehmen und Zimmertemperatur annehmen lassen. Inzwischen das Gemüse vorbereiten.

Die **Chicorées** waschen, die unteren Enden abschneiden und die äußeren Blätter entfernen. Die Köpfe halbieren und, wenn nötig, den Strunk herausschneiden. Die **Butter** in der Pfanne zerlassen und die halbierten Chicorées mit der Schnittseite nach unten hineinlegen. Etwas **Salz** und **Zucker** darüberstreuen und auf kleiner Flamme leicht goldbraun braten, dann umdrehen. Erneut würzen, 30 ml Wasser zugießen und bei geschlossenem Deckel garen, bis sie weich sind.

Die **Pilze** putzen, von größeren Exemplaren bei Bedarf den Stiel entfernen. Die **Schalotte** schälen und klein schneiden. Die **Butter** in einem Topf erhitzen und die Schalotte darin andünsten. Die Shiitake zugeben und mit **Salz** und **Pfeffer** würzen. Die Pilze sautieren und bei kleiner Hitze bereithalten.

Den Backofen auf 150 °C (Ober-/Unterhitze) vorheizen. Die **geklärte Butter** in einer ofenfesten Pfanne erhitzen. Das Steak mit Küchenpapier trocken tupfen. Eine Fleischseite **salzen** und **pfeffern** und das Chateaubriand auf der gewürzten Seite in der Pfanne anbraten. Wichtig ist, das Fleisch dabei immer wieder leicht anzuheben, damit das heiße Fett darunter läuft. Das Steak erst wenden, wenn die erste Seite gut angebraten ist, dabei die ungewürzte Seite vorher wieder salzen und pfeffern.

Nach der gewünschten Garzeit die **Butter** in kleinen Würfeln auf dem Fleisch schmelzen. Den **Knoblauch** schälen, vierteln und zusammen mit dem **Thymian** in die Pfanne geben. Das Fleisch einige Male mit der aromatisierten Butter übergießen. Anschließend für 5–8 Minuten in den Ofen schieben. Den Ofen ausschalten und das Steak 5–10 Minuten bei geöffneter Ofentür ruhen lassen. Das Chateaubriand zum Anrichten in 2 cm dicke Scheiben schneiden und mit Chicorée, Shiitakepilzen sowie nach Belieben den Herz-haften Karotten (siehe S. 173) servieren. Dazu passt die wunderbare Sauce béarnaise (siehe S. 165).

LAMMRÜCKEN IN KARTOFFELKRUSTE »BOCUSE D'OR«

*»So liebevoll, wie die Kartoffel hier das Lamm umarmt …
Damit habe ich damals auch Paul Bocuse verzaubert!«*

Für 4 Personen

Lamm

400–500 g Lammrücken,
   ausgelöst und geputzt
feines Meersalz
Pfeffer aus der Mühle
50 g frische Semmelbrösel
3–4 Stängel glatte Petersilie
800 g festkochende Kartoffeln
Pflanzenöl zum Braten

Sauce

1 Zweig Rosmarin
½ l Lammfond (s. S. 163)
50 g kalte Butter
feines Meersalz

Den **Lammrücken** in zwei gleichgroße Stücke von etwa 20 cm Länge schneiden. Das Fleisch trocken tupfen, dann **salzen**, **pfeffern** und rundherum in **Semmelbröseln** wenden. Überschüssige Brösel abklopfen. Die **Petersilie** waschen, trocken tupfen und grob zerkleinern. Die **Kartoffeln** schälen, waschen, in feine Streifen hobeln, gut ausdrücken und zwischen zwei Lagen Küchenpapier trocknen. 3 EL **Öl** in einer großen beschichteten Pfanne erhitzen und die Hälfte der Kartoffeln gleichmäßig einstreuen. Den Kartoffelpfannkuchen von einer Seite goldbraun backen, dabei darauf achten, dass kein Öl an die Oberfläche kommt. Den Kartoffelkuchen mit der gebratenen Seite nach unten auf ein sauberes Küchentuch gleiten lassen und mit der Hälfte der Petersilie bestreuen. Aus den restlichen Kartoffelspänen einen zweiten Kuchen backen.

Den Backofen auf 220 °C (Ober-/Unterhitze) vorheizen. Die Lammstücke jeweils auf das untere Drittel der Pfannkuchen legen und mithilfe des Küchentuchs darin einrollen. Rundherum gut andrücken. Das Lamm mit etwas Abstand auf einem Gitter in den Ofen geben, ein Backblech darunter einschieben und das Fleisch in 15 Minuten rosa garen.

Für die Sauce den **Rosmarin** waschen. Den **Lammfond** mit dem Zweig erhitzen und auf die Hälfte einkochen. Vor dem Servieren den Rosmarin entfernen und die **Butter** in kleinen Stückchen in der Sauce schmelzen lassen, um sie leicht zu binden. Mit **Salz** abschmecken. Zum Anrichten den Lammrücken aus dem Ofen nehmen und jede Rolle sofort in vier Stücke schneiden. Pro Person je zwei Stücke auf vorgewärmten Tellern anrichten, mit der Sauce umgießen und servieren.

Myrrhe, Weihrauch, Gold …
Hat denn keiner eine ordent-
liche Flasche <u>Wein</u> dabei??

HIRSCH MIT GESCHMORTEM APFEL AN PFEFFERSAUCE

»Der Apfel ist seit jeher ein Symbol der Liebe – kein Wunder! Mit den Gerichten, die man daraus zaubern kann, erobert man jedes Herz im Sturm!«

Für 2 Personen

2 Knoblauchzehen
1 Zweig Thymian
300 g Hirschfilet
feines Meersalz
Pfeffer aus der Mühle
1 EL Erdnussöl
40 g Butter
1 Apfel
10 g Zucker
10–15 Wacholderbeeren
ca. 200 ml Pfeffersauce
  (s. S. 164)

Kugelausstecher

Den **Knoblauch** schälen und halbieren, dabei den Keimling entfernen. Den **Thymian** waschen und trocken schütteln. Das **Hirschfilet** trocken tupfen, **salzen** und **pfeffern**. Das **Erdnussöl** in einer Pfanne erhitzen und das Fleisch zusammen mit Knoblauch und Thymian bis zum gewünschten Gargrad im Öl anbraten, das Filet dabei jede Minute drehen. Zum Schluss für eine schöne goldbraune Farbe die Hälfte der **Butter** zufügen. Warm halten.

Den **Apfel** schälen und mit einem Kugelausstecher beliebig große Kugeln herausstechen. Wer keinen Ausstecher besitzt, kann den Apfel auch in Würfel schneiden. Die restliche Butter zerlassen und den **Zucker** darin schmelzen, dann die Apfelstücke mit den **Wacholderbeeren** darin karamellisieren, bis sie weich sind.

Die **Pfeffersauce** inzwischen in einem kleinen Topf erhitzen. Das Fleisch längs in dünne Scheiben schneiden und auf Tellern anrichten. Mit Sauce beträufeln, mit geschmorten Äpfeln und Wacholderbeeren garnieren und servieren.

LÉAS TIPP   Wenn Sie kein Ibericoschwein bekommen können, verwenden Sie stattdessen normale Schweinekoteletts.

WEIHNACHTSSCHWEIN MIT ANANAS UND ROSMARIN

»Zum Fest der Liebe!«

Für 4 Personen

Koteletts

10 Zweige Rosmarin, plus mehr
    zum Servieren
6–8 Schweinekoteletts vom
    Ibericoschwein am Stück
feines Meersalz
3 EL Erdnussöl
Butter

Ananas

¼ große Ananas
3 EL Ahornsirup
3–4 Anissterne
10–12 Koriandersamen
abgeriebene Schale von
    ¼ Bio-Orange
1 EL weißer Portwein

Marinade

½ TL Senfkörner
2 EL Ahornsirup
½ TL Piment d'Espelette
5 Koriandersamen
1 EL Balsamicoessig
feines Meersalz
Pfeffer aus der Mühle

Den Backofen auf 180 °C (Ober-/Unterhitze) vorheizen. Den **Rosmarin** waschen und trocken schütteln. Das **Fleisch** von Sehnen und Fett befreien, trocken tupfen und leicht **salzen**. Das **Öl** in einem Bräter erhitzen und das Fleisch darin von allen Seiten anbraten. Zum Schluss Rosmarin und etwas **Butter** zugeben, um eine schöne Farbe zu erhalten. Den Bräter für 35–45 Minuten in den heißen Ofen schieben. Für die Marinade die **Senfkörner** in etwas Wasser einweichen.

Die **Ananas** putzen, dafür Blütenansatz, Strunk und Schale wegschneiden. Das Viertel längs halbieren, dann quer in Scheiben schneiden. Den **Ahornsirup** in einer Pfanne erhitzen, **Anis**, **Koriandersamen** und **Orangenschale** zugeben und die Ananas darin von beiden Seiten leicht karamellisieren. Wenn sie schön gebräunt ist, den **Portwein** zufügen. Zur Seite stellen.

Für die Marinade eingeweichte Senfkörner, **Ahornsirup**, **Piment d'Espelette**, **Koriandersamen**, **Balsamicoessig** sowie etwas **Salz** und **Pfeffer** verrühren. Die Marinade großzügig auf das Fleisch streichen und kurz einwirken lassen. Die Koteletts mit der Ananas auf einer Platte anrichten und mit frischen Rosmarinzweigen garnieren.

SÜSSE
VERSUCHUNG

GEEISTER
ERDBEER-VANILLE-VACHERIN

»Ein herzlicher Gaumenschmaus.«

Für 4–6 Personen

Meringueböden

2 Eiweiß (60 g)

60 g Zucker

60 g Puderzucker

Erdbeereis

250 g aromatische Erdbeeren

50 g Zucker, plus mehr nach
    Geschmack

Saft von ¼ Orange

1 Spritzer Zitronensaft

80 g Sahne

Außerdem

½ Rezept Vanilleeis (s. S. 174)

1 Handvoll Walderdbeeren oder
    kleine Erdbeeren zum Garnieren

150 g Sahne

15 g Zucker

kandierte Veilchen zum Garnieren
    (aus dem Fachhandel)

2 Spritzbeutel mit großer Lochtülle
Eismaschine
Streichpalette

Für die Meringueböden den Backofen auf 150 °C (Ober-/ Unterhitze) vorheizen. Zwei Backbleche mit Backpapier auslegen und drei Herzen (ca. 15 cm Ø) darauf vorzeichnen. Die **Eiweiße** in der Küchenmaschine halbsteif schlagen. 10 g **Zucker** zugeben und zu festem Schnee aufschlagen. Den **Puderzucker** sieben und mit dem restlichen Zucker vermischen. Die Zuckermischung nach und nach in den Eischnee einrieseln lassen. Weiterschlagen, bis der Eischnee schön kompakt ist und glänzt. Die Meringuemasse in einen der Spritzbeutel füllen und drei Herzen von je 1 cm Höhe gleichmäßig auf die vorbereiteten Backbleche aufspritzen. Die Böden erst 25 Minuten bei 150 °C backen, dann die Temperatur auf 120 °C reduzieren und die Meringue weitere 1 ½–2 Stunden trocknen. Sie sollen dabei schön hell bleiben. Abkühlen lassen.

Für das Erdbeereis die **Erdbeeren** waschen, trocken tupfen, putzen und zusammen mit **Zucker**, **Orangen-** und **Zitronensaft** mit dem Stabmixer glatt pürieren. Die **Sahne** zugießen, durchmixen und mit Zucker abschmecken. In die Eismaschine füllen und cremig frieren. Das Eis bis zur Verwendung im Tiefkühler aufbewahren.

Das **Vanilleeis** bei Bedarf leicht antauen lassen, dann etwa 2 cm hoch auf einen Herzboden streichen und in den Tiefkühler stellen. Auf dem zweiten Meringueboden das Ganze mit zwei Dritteln vom Erdbeereis wiederholen. Kurz im Tiefkühler fest werden lassen. Das restliche Erdbeereis dünn auf den dritten Herzboden

Fortsetzung übernächste Seite …

GEEISTER
ERDBEER-VANILLE-VACHERIN

Fortsetzung von Seite 124.

streichen. Die **Walderdbeeren** waschen, trocken tupfen, putzen und halbieren oder in Scheiben schneiden. Die **Sahne** halbsteif schlagen, den **Zucker** einrieseln lassen, die Sahne fertig steif schlagen und in den zweiten Spritzbeutel füllen.

Den Boden mit dem Vanilleeis auf eine Platte setzen, dann erst das Herz mit der dicken, zuletzt den Boden mit der dünnen Erdbeereisschicht darauflegen. Die Ränder mit einer heißen Palette glatt streichen und die Sahne rundherum dekorativ aufspritzen. Die Eistorte mit Erdbeeren und **kandierten Veilchen** garnieren. Wer mag, püriert einige Erdbeeren und zeichnet mit Sahne und Püree ein Herz in die Mitte. Die Torte bei Bedarf noch einige Minuten in den Tiefkühler stellen.

Zum Anschneiden ein großes, scharfes Messer in heißes Wasser tauchen und den Vacherin in 4–6 Portionen aufteilen.

ERDBEERBAISER

»Himmlisch, fruchtig, leicht.«

Für 4 Personen

Shortbread

165 g weiche Butter

75 g Puderzucker

1 Prise Salz

125 g Mehl

125 g Kartoffelstärke

Erdbeercreme

200 g Erdbeeren

2 Blatt Gelatine

2 Eigelb

1 Eiweiß

30 g Zucker

50 g Butter

100 g Sahne

50 g Fage (griechischer
    Abtropfjoghurt) oder
    Mascarpone

Baiser

100 g Eiweiß

120 g feiner Zucker

Spritzbeutel mit Lochtülle (1 cm Ø)
Spritzbeutel mit flacher Tülle
Flambier- oder Bunsenbrenner

Für das Shortbread **Butter** und **Puderzucker** cremig schlagen, dann **Salz**, **Mehl** und **Stärke** zugeben und glatt rühren. Den Teig zwischen zwei Lagen Backpapier mit dem Nudelholz etwa 3 mm dick ausrollen. Mit dem Papier auf ein Backblech ziehen und ca. 30 Minuten kalt stellen. Inzwischen den Backofen auf 170 °C (Ober-/Unterhitze) vorheizen. Wenn der Teig fest ist, das obere Backpapier abziehen und den Teig 5 Minuten vorbacken, dann herausnehmen und auf dem Blech in ca. 2 cm × 8 cm große Rechtecke schneiden. Zurück in den Ofen schieben und in 5–6 Minuten fertig backen. Auskühlen lassen.

Für die Creme die **Erdbeeren** putzen und waschen, ein paar schöne Exemplare klein schneiden und beiseitelegen. Die restlichen Beeren mit einem Stabmixer gründlich pürieren. Die **Gelatine** in kaltem Wasser einweichen. Das Erdbeermark mit **Eigelben**, **Eiweiß** und **Zucker** in einem Topf verrühren und bei mittlerer Hitze zum Kochen bringen. Die Gelatine ausdrücken. Den Topf vom Herd nehmen und die Gelatine sofort darin unter Rühren auflösen. Die **Butter** in Stücken zugeben und die Masse abkühlen lassen. Die **Sahne** steif schlagen. Zusammen mit dem **Fage** unter die erkaltete Erdbeermasse heben und in den Spritzbeutel mit Lochtülle füllen.

Für das Baiser das **Eiweiß** halbsteif schlagen und nach und nach den **Zucker** einrieseln lassen. Weiterschlagen, bis die Masse fest und glänzend ist. In den Spritzbeutel mit flacher Tülle füllen. Zum Anrichten das Baiser wellenförmig in die Tellermitte spritzen. Mit dem Flambierbrenner leicht abflämmen, dann zwei Shortbread-Streifen links und rechts leicht andrücken. Die Erdbeercreme tropfenförmig danebenspritzen. Das Erdbeerbaiser mit den klein geschnittenen Erdbeeren sowie nach Belieben etwas Coulis (siehe S. 174) garnieren.

LÉAS TIPP Falls etwas übrig bleibt, lässt sich Shortbread ein paar Tage in einer luftdicht verschlossenen Dose aufbewahren.

HIMBEERCHARLOTTE

»Süße Früchtchen, königliches Dessert.«

Für 4 Personen

75 g Zucker
250 g Himbeeren
200 g Sahne
2 Blatt Gelatine
10–12 Löffelbiskuits
Erd-, Blau- und Johannisbeeren
   zum Servieren (nach Belieben)
Puderzucker zum Bestäuben

Tortenring (12 cm Ø)

Zucker und 50 ml Wasser in einem Topf zu einem Sirup kochen. Die **Himbeeren** waschen, verlesen und ein paar schöne Beeren beiseitelegen, den Rest mit dem Stabmixer pürieren. Das Himbeermus durch ein Sieb passieren und mit dem Zuckersirup vermischen.

Die **Sahne** steif schlagen. Die **Gelatine** in kaltem Wasser einweichen, dann ohne auszudrücken in einem Topf erwärmen, bis sie sich auflöst. Mit ein wenig Himbeersirup glatt rühren, dann die restliche Sirupmasse zugeben. Sobald die Masse zu gelieren beginnt, die Sahne unterziehen und die Creme im Kühlschrank kalt stellen.

Den Tortenring auf eine Kuchenplatte und die **Löffelbiskuits** mit der Zuckerseite nach außen um den Innenrand stellen. Den Boden mit den restlichen, in Stücke gebrochenen Biskuits auslegen und die Himbeercreme hineinfüllen.

Die Charlotte zum Festwerden mindestens 3 Stunden in den Kühlschrank stellen. Zum Servieren mit den restlichen Himbeeren sowie anderen **Beeren** nach Belieben garnieren und mit etwas **Puderzucker** bestäuben.

LÉAS TIPP   Löffelbiskuits selbst zu backen ist relativ aufwendig. Da Sie die Zeit sicher mit angenehmeren Dingen verbringen möchten, greifen Sie ruhig auf gekaufte zurück.

FLAMMENDE HERZKIRSCHEN MIT VANILLEEIS

»Knackige Herzform, dunkelroter Glanz, saftig-süßer Geschmack: Erliegen Sie der Versuchung!«

Für 4 Personen

100 ml Kirschsaft
1 Spritzer Crema di Balsamico
150 g Herzkirschen (frisch oder TK)
10 g Butter
1 TL Zucker
20 ml Kirschwasser
Vanilleeis (s. S. 174) zum Servieren

Den **Kirschsaft** in einem kleinen Topf erhitzen und stark reduzieren lassen, bis er einzudicken beginnt. Etwas **Balsamicocreme** zugeben und beiseitestellen.
Die **Kirschen** waschen und entsteinen. Die **Butter** in einer Pfanne erhitzen, bis sie schäumt, dann die Kirschen darin kurz sautieren – sie dürfen nicht zu weich werden! Den **Zucker** zugeben und leicht karamellisieren lassen. Das **Kirschwasser** darübergießen und die Kirschen flambieren.
Zum Servieren eine Kugel Vanilleeis mit den Kirschen in Glasschälchen anrichten und mit der Kirschsaftreduktion garnieren.

CRÈME AU CHOCOLAT

»Oder auch: Crème d'Amour!«

Für 6 Personen

100 g Zartbitterschokolade
   (mind. 70 % Kakaoanteil)
150 ml Vollmilch
150 g Sahne
4 Eigelb
60 g Zucker

6 ofenfeste Schälchen

Den Backofen auf 170 °C (Umluft) vorheizen. Eine Kasserolle für die bessere Wärmeleitung mit Küchenpapier auslegen, mit etwas Wasser befüllen und im Ofen erhitzen. Die **Schokolade** zerbrechen. Die **Milch** über dem Wasserbad erhitzen und die Schokolade darin schmelzen. Gut umrühren, vom Herd nehmen und die **Sahne** einrühren, bis die Masse glatt ist. Abkühlen lassen. Die **Eigelbe** mit dem **Zucker** in einer Schüssel schaumig schlagen, dann zur Schokomasse geben. Alles gut vermischen und durch ein Sieb passieren. Kurz ruhen lassen.

Die Schokomasse in die Schälchen füllen, diese ins vorbereitete Wasserbad stellen und für 35 Minuten in den Ofen schieben (die Schälchen sollten etwa zur Hälfte im Wasser stehen). Die Schokoladencreme ist fertig, wenn sie in der Mitte noch etwas zittert, ähnlich wie bei Crème brûlée. Bis zum Verzehr abgedeckt kühl stellen.

LÉAS TIPP Meine Crème au chocolat serviere ich gerne mit etwas halbgeschlagener Sahne mit Ahornsirup oder Kaffee obendrauf!

ZWEIERLEI SCHOKOLADENMOUSSE

»So verschieden, aber doch in perfekter Harmonie.«

Für 2 Personen

Weiße Schokolade-Joghurt-Mousse

½ Blatt Gelatine

100 g weiße Schokolade

40 g Naturjoghurt

60 g Sahne

Mousse au chocolat

80 g Zartbitterschokolade
    (mind. 70 % Kakaoanteil)

2 sehr frische Eiweiß

1 TL Zucker

70 g Sahne

Außerdem

Schlagsahne und Kakaopulver
    zum Servieren (nach Belieben)

Für die helle Mousse die **Gelatine** in kaltem Wasser einweichen. Die **weiße Schokolade** grob zerkleinern und in einer Schüssel über dem warmen Wasserbad schmelzen, dann den **Joghurt** einrühren und abkühlen lassen. Die Gelatine ausdrücken und in einem kleinen Topf mit 2 EL **Sahne** erhitzen, bis sie sich aufgelöst hat und nicht mehr klumpt. Die Mischung in die abgekühlte Schokolade rühren, die restliche Sahne steif schlagen und unterheben, dann kalt stellen.

Für die Mousse au chocolat die **dunkle Schokolade** grob zerkleinern und ebenfalls in einer Schüssel über dem warmen Wasserbad schmelzen, dann abkühlen lassen. **Eiweiße** und **Zucker** zu festem Schnee schlagen und unter die flüssige Schokolade heben. Die **Sahne** halbsteif schlagen und unter die Schokomasse ziehen.

Die helle und die dunkle Mousse abwechselnd in Gläser schichten und kalt stellen. Wer mag, gibt vor dem Servieren noch etwas **geschlagene Sahne** auf die Mousse und stäubt etwas **Kakaopulver** darüber.

MILLEFEUILLE VON SCHOKOLADE UND AMARENAKIRSCHEN

»Cremige Mousse, knusprige Kekse und saftige Kirschen: unterschiedliche Texturen, köstliches Zusammenspiel.«

Für 4 Personen

Mousse au chocolat

1 Blatt Gelatine

60 g Vollmilch

70 g Zartbitterschokolade
  (mind. 70 % Kakaoanteil)

125 g Sahne

Schokokekse

60 g weiche Butter

50 g Eiweiß

60 g Puderzucker

50 g Mehl

1 TL Kakaopulver

Außerdem

8–10 Amarenakirschen
  (eingelegte Sauerkirschen)

Kakaopulver zum Bestäuben
  (nach Belieben)

Spritzbeutel mit Lochtülle (1 cm Ø)

Für die Mousse die **Gelatine** in kaltem Wasser einweichen. Die **Milch** in einem Topf aufkochen, vom Herd nehmen und die ausgedrückte Gelatine darin auflösen. Die **Schokolade** fein hacken und mit der Milch übergießen. 1 Minute ziehen lassen, dann mit dem Schneebesen verrühren, bis die Schokolade geschmolzen und die Masse auf ca. 40 °C abgekühlt ist. Die **Sahne** halbsteif und glänzend schlagen und unterheben. Die flüssige Masse 3–4 Stunden kalt stellen (dabei wird sie fest und seidig). Vor dem Anrichten in den Spritzbeutel füllen.

Für die Kekse die **Butter** mit dem **Eiweiß** in einer Schüssel glatt rühren, dann nacheinander **Puderzucker**, **Mehl** und **Kakao** zugeben. (Tipp: Werden die Kekse nicht gleich gebacken, den Teig in den Kühlschrank stellen.)

Den Backofen auf 170 °C (Ober-/Unterhitze) vorheizen. Ein Backblech mit Backpapier auslegen und Schablonen in beliebiger Form mehrfach darauf vorzeichnen. Den Teig vorsichtig dünn auf die Schablonen streichen und etwa 3 Minuten backen. Vorsichtig (am besten mit einem Spatel oder einer Palette) vom Blech heben und die Hälfte der Kekse auf einer ebenen Fläche, den Rest leicht wellig geformt auskühlen lassen (hier beispielsweise eine Tasse, ein Gitter oder das Nudelholz zu Hilfe nehmen).

Zum Anrichten einen Klecks Mousse mittig auf gekühlte Teller aufspritzen und je einen ebenen Schokoladenkeks darauflegen. Schokomousse, **Amarenakirschen** und gewellte Kekse beliebig daraufschichten und mit den restlichen flachen Keksen abschließen. Nach Belieben mit **Kakaopulver** bestäuben und servieren.

BIRNE HELENE
MIT SCHOKOSAUCE

»Eine paradiesische Verführung …«

Für 2 Personen

2 Birnen
110 g Zucker
frisch gepresster Saft von ½ Zitrone
50 g Zartbitterschokolade
    (mind. 70 % Kakaoanteil)
50 g Sahne
Schlagsahne und Vanilleeis (s. S. 174)
    zum Servieren (nach Belieben)

Die **Birnen** schälen, halbieren und das Kerngehäuse mit einem Ausstechlöffel entfernen. Aus 100 g **Zucker**, **Zitronensaft** und 250 ml Wasser einen Sirup kochen und die Birnen darin abgedeckt etwa 3 Minuten bei schwacher Hitze garen. Den Topf vom Herd nehmen und die Birnen im Sud abkühlen lassen – so verfärben sie sich nicht.

Die **Schokolade** klein hacken. Den restlichen Zucker und 50 ml Wasser in einem kleinen Topf zu Sirup schmelzen, dann vom Herd nehmen. Schokolade und **Sahne** einrühren, bis die Schokolade geschmolzen und die Sauce glatt ist.

Die pochierten Birnen auf Tellern anrichten und die Schokosauce angießen. Wer mag, serviert **Schlagsahne** und 1 Kugel cremiges **Vanilleeis** dazu.

LÉAS TIPP   Man kann die Birnen nach dem Schälen auch ganz lassen, sie müssen dann lediglich ein paar Minuten länger garen.

APFELTARTE À LA LÉA

»Schnell und hinreißend!«

Für 6–8 Personen

Apfelmus

3 weiche, säuerliche Äpfel (am besten
    Boskop, alternativ Cox Orange oder
    Elstar)
ca. 2 EL Zucker
1 Prise gemahlener Zimt oder
    Kardamom (nach Belieben)
1 Spritzer Zitronensaft

Tarte

4 Äpfel
350 g Blätterteig (aus dem Kühlregal
    oder selbst gemacht)
Puderzucker zum Bestäuben

Die **Äpfel** für das Mus schälen, achteln und entkernen.
Mit **Zucker** sowie nach Belieben einem Hauch **Zimt** oder
Kardamom vermischen.
Die Apfelstücke mit 3 EL Wasser und ein paar Tropfen
Zitronensaft in einem kleinen Topf weich garen. Ein paarmal
gut umrühren – dabei zerfallen die Äpfel meist von selbst.
Wer es nicht stückig mag, püriert die Äpfel zu feinem Mus.
Abschmecken, bei Bedarf nachzuckern und abkühlen lassen.
Den Backofen auf 175 °C (Ober-/Unterhitze) vorheizen.
Die **Äpfel** für die Tarte schälen, achteln und entkernen. Den
Blätterteig schön flach ausrollen und auf ein Backblech legen.
Den Teig mit dem Apfelmus bestreichen, dabei einen Rand
von etwa 3–4 cm rundherum freilassen. Die Apfelschnitze
kreisförmig darauflegen.
Die Tarte im Ofen etwa 12–15 Minuten backen. Herausnehmen
und sofort mit **Puderzucker** bestäuben – so erhält sie einen
schönen Glanz. Kurz abkühlen lassen und lauwarm servieren.

LÉAS TIPP   Meine Apfeltarte
serviere ich gerne mit etwas
halbgeschlagener Sahne mit
Ahornsirup.

SOUFFLÉ VON DER PASSIONSFRUCHT

»Soufflé bedeutet so viel wie ›Hauch, Atem‹. Und genauso sollte es sein: erfrischend, luftig, heiß.«

Für 4 Personen

Soufflé

4 Passionsfrüchte
6 Eiweiß
60 g Zucker
Puderzucker zum Bestäuben

Crème pâtissière

1 Vanilleschote
175 ml Vollmilch
40 g Zucker
2 Eigelb
15 g Speisestärke
15 g Butter

*4 Soufflé-Förmchen, am besten
   in Herzform*
Butter für die Formen

LÉAS TIPP   Damit die Soufflés nach dem Backen nicht in sich zusammenfallen, die heiße Luft langsam aus dem Ofen entweichen lassen!

Die Soufflé-Förmchen einfetten und kalt stellen.
Die **Passionsfrüchte** aufschneiden und das Fruchtfleisch durch ein Sieb passieren. 2 EL Saft abmessen und beiseitestellen. **Eiweiße** und **Zucker** mit dem Schneebesen nicht zu steif aufschlagen.
Für die Crème pâtissière die **Vanilleschote** aufritzen und das Mark mit einem Messer herausschaben. Die **Milch** in einen Topf gießen, Mark und Schote zugeben und 15 Minuten erhitzen. Anschließend durch ein Sieb passieren und kurz abkühlen lassen.
Den Backofen auf 180 °C (Ober-/Unterhitze) vorheizen.
Zucker und **Eigelbe** hell und schaumig schlagen, dann die **Speisestärke** zugeben. Ein Drittel der Vanillemilch in die Eigelbmischung gießen und gut verrühren. Ein weiteres Drittel zufügen, dann alles wieder in den Topf zum Rest der Milch geben. Die Mischung erhitzen und ständig rühren, bis sie andickt. Sobald sie kocht, die Mischung noch etwa 1 Minute sieden lassen. Dann vom Herd nehmen und die **Butter** unterrühren. Kurz abkühlen lassen. Zum Schluss den Passionsfruchtsaft zugeben und das aufgeschlagene Eiweiß mit einem Teigschaber vorsichtig unterheben.
Die Masse in die gekühlten Soufflé-Förmchen gießen und im vorgeheizten Ofen ca. 8 Minuten backen. Die Passionsfruchtsoufflés herausnehmen, mit **Puderzucker** bestäuben und sofort servieren.

MEINE MADELEINES

»Beliebt, bekannt, begehrt!«

Ergibt ca. 40 Stück

250 g Butter, plus mehr
   für die Formen
250 g Eiweiß
250 g Puderzucker
100 g blanchierte gemahlene
   Mandeln
75 g Mehl

beschichtete Madeleineformen

Die **Butter** in einem kleinen Topf zerlassen und durch ein feines Sieb in eine Schüssel passieren.

Das **Eiweiß** steif schlagen, dabei den **Puderzucker** hineinsieben. **Mandeln** und **Mehl** vermischen und unter die Eiweiß-Zucker-Mischung ziehen. Zum Schluss die Butter zugießen und gut verrühren. Den Teig bedeckt über Nacht im Kühlschrank ruhen lassen.

Am nächsten Tag den Backofen auf 200 °C (Ober-/Unterhitze) vorheizen. Die Madeleineformen mit Butter fetten und jeweils 1 EL Teig hineinfüllen. Die Madeleines 3 Minuten backen, dann die Temperatur auf 180 °C reduzieren. Nach weiteren 5 Minuten ist das köstliche Gebäck goldbraun und fertig. Kurz abkühlen, dann aus den Formen lösen. Auf einem Kuchengitter erkalten lassen.

LÉAS TIPP Die Madeleines erst an dem Tag backen, an dem man sie servieren möchte, dann schmecken sie am besten. Der Teig hält sich luftdicht verschlossen bis zu 1 Woche im Kühlschrank.

Bei mir
behauptest du
immer, dass es
dick macht.

LADY COLONELL

»Für Sie und Ihn!«

Für 2 Personen

8 Passionsfrüchte
2–3 EL Zucker
Champagner oder Crémant Rosé
  zum Auffüllen
Aperol

Die **Passionsfrüchte** halbieren und das Innere herauskratzen. Das Fruchtfleisch mit **Zucker** vermischen und kurz ziehen lassen. 50 ml Wasser zugießen, alles durch ein Sieb passieren und in einer flachen Schale mixen. In den Tiefkühler stellen und über Nacht zu einem Granité gefrieren lassen.
Zum Anrichten mit einer stabilen Gabel nach und nach feine Kristalle vom Granité abschaben und auf eisgekühlte Dessertschalen verteilen. Mit **Champagner** auffüllen, einen Spritzer **Aperol** zugeben und servieren.

GRUNDREZEPTE

GEKLÄRTE BUTTER

Ergibt ca. 200 g

250 g Butter

1–2 saubere Gläser zum Abfüllen

Die **Butter** in einem kleinen Topf bei schwacher Hitze zerlassen. Den an die Oberfläche steigenden weißen Schaum immer wieder mit einem Schaumlöffel abschöpfen, bis die Butter klar ist. Die Molke setzt sich dabei am Boden ab. Das Butterfett anschließend vorsichtig durch ein mit Küchenpapier ausgelegtes Sieb in Gläser gießen, die Molke bleibt dabei am Topfboden beziehungsweise im Küchenpapier zurück. Die so entstandene geklärte Butter sollte eine klare goldene Farbe haben.

LÉAS TIPP   Geklärte Butter ist höher erhitzbar und länger haltbar als normale Butter, da sowohl Eiweißbestandteile als auch Wasser entfernt wurden. Sie lässt sich gut im Voraus sowie in größeren Mengen herstellen und hält sich luftdicht verschlossen mehrere Wochen im Kühlschrank.

GEMÜSEBRÜHE

Ergibt ca. 1 ½ l

1 Zwiebel

1 Knoblauchzehe

1 kleine Fenchelknolle

3 weiße Champignons

1 großes Bund Suppengrün
(Karotte, Knollensellerie,
Lauch, Petersilienwurzel)

1 Tomate

1 Bund Thymian

Meersalz (nach Belieben)

Das **Gemüse** waschen, auch **Zwiebel** und **Knoblauch**.
Fenchel, **Champignons** sowie **Suppengrün** putzen und bei
Bedarf schälen. Zwiebel (die Schale verleiht dem Fond eine
schöne Farbe) sowie **Tomate** halbieren, den Knoblauch leicht
andrücken. Den **Thymian** abbrausen.
Das gesamte Gemüse sowie den Thymian in einem großen Topf
mit 2 l kaltem Wasser bedecken. Kurz aufkochen, dann etwa
1 Stunde bei kleiner Hitze köcheln lassen. Wer sie kräftiger
mag, lässt sie noch etwas länger einkochen, ansonsten die
Brühe durch ein Sieb abgießen und nach Belieben mit **Salz**
abschmecken.

LÉAS TIPP   Wenn man nicht die
gesamte Brühe auf einmal braucht,
lässt sie sich luftdicht verschlossen
mindestens 4 Tage im Kühlschrank
aufbewahren – oder man friert sie
(am besten portionsweise) ein.

FISCHFOND

Ergibt ca. 125 ml

ca. 500 g Fischgräten
    und -abschnitte
3 Schalotten
2 Fenchelknollen
3 EL Olivenöl
Bouquet garni (Kräutersträußchen
    aus Petersilienstängel,
    Sellerieblatt und Thymian, in
    1 Lauchblatt gewickelt)
Meersalz

Fischgräten und **-abschnitte** waschen und zerkleinern. Die **Schalotten** schälen, den **Fenchel** waschen und putzen, dann beides klein schneiden.

Das **Olivenöl** in einem kleinen Topf erhitzen, Schalotten und Fenchel zugeben und etwa 5 Minuten bei mittlerer Hitze dünsten. Die Fischteile sowie das **Bouquet garni** hinzufügen. Alles gerade mit Wasser bedecken, **salzen** und 20 Minuten köcheln.

Den Topf vom Herd nehmen und 10 Minuten ziehen lassen. Die Brühe mit einer Kelle durch ein feines Sieb passieren, damit sie klar bleibt. Anschließend zurück in den Topf füllen und auf ca. 125 ml reduzieren lassen. Dabei schön langsam vorgehen – es kostet zwar etwas Zeit, doch es lohnt sich.

LÉAS TIPP   Der Fond, den man erhält, ist mengenmäßig nicht sehr viel, dafür aber vom Feinsten.

GEFLÜGELFOND

Ergibt ca. 1 ½ l

1 ½ kg Geflügelkarkassen (mit Hals-,
    Flügel- und Schenkelabschnitten,
    ohne Innereien)
Meersalz
2 Zwiebeln
1 Karotte
200 g Knollensellerie
das Weiße von 1 Stange Lauch
1 Tomate
1 TL weiße Pfefferkörner
5 Stängel Petersilie
1 Zweig Thymian
1 Lorbeerblatt

Passiertuch (Mulltuch)

Die **Karkassen** grob zerkleinern (am Besten mit dem Hackbeil), abwaschen und in einen großen Topf geben. Etwa 2–2 ½ l kaltes Wasser aufgießen. Das Wasser sollte 2–3 cm über den Karkassen stehen. Mit einer guten Prise **Salz** würzen und zum Kochen bringen. Den dabei entstehenden Schaum mit einem Löffel oder einer Schaumkelle sorgfältig abschöpfen. Sobald das Wasser kocht, die Hitze reduzieren.

In der Zwischenzeit **Zwiebeln**, **Karotte** und **Sellerie** putzen, schälen und in 1–2 cm große Stücke schneiden. Den **Lauch** halbieren, gründlich waschen und in 1 cm breite Streifen schneiden. Die **Tomate** waschen, halbieren und grob würfeln, dabei den Strunk entfernen. Gemüse, **Pfefferkörner**, **Petersilie**, **Thymian** und **Lorbeer** zum Fond geben. Das Ganze bei milder Hitze 2–3 Stunden sanft köcheln lassen. Zwischendurch immer wieder abschäumen, damit der Fond klar bleibt.

Den fertigen Geflügelfond durch ein mit einem Passiertuch ausgelegtes Sieb abgießen und am besten über Nacht im Kühlschrank ruhen lassen.

Am nächsten Tag das an die Oberfläche gestiegene Fett sorgfältig vom Fond abnehmen.

LÉAS TIPP   Der Fond lässt sich gut portionsweise einfrieren, luftdicht verschlossen hält er sich aber auch bis zu 3 Tage im Kühlschrank.

KALBSFOND

Ergibt ca. 1 l

2 Zwiebeln
1 Karotte
200 g Knollensellerie
das Weiße von ½ Stange Lauch
1 ½ kg Kalbsknochen
40 g Butter
1 TL Tomatenmark
250 ml halbtrockener Weißwein
Meersalz
1 Zweig Thymian
2 Stängel Petersilie
1 Stängel Estragon
1 Lorbeerblatt

Zwiebeln, **Karotte** und **Sellerie** putzen, schälen und in grobe Stücke schneiden. Den **Lauch** putzen, gründlich waschen und in Streifen schneiden.

Die **Kalbsknochen** in etwa 3 cm große Stücke hacken (oder dies bereits vom Metzger machen lassen). Die **Butter** in einem breiten Topf zerlassen und die Knochen darin bei mittlerer Hitze rundum bräunen. Das Gemüse zugeben und 3–4 Minuten mitbraten. Das **Tomatenmark** kurz mit anrösten, dann alles mit **Weißwein** ablöschen und sirupartig einkochen lassen. So viel Wasser (ca. 2 l) zugießen, dass die Knochen gut bedeckt sind, und leicht **salzen**. Die **Kräuter** waschen, zugeben und alles bei milder Hitze 3–4 Stunden sanft köcheln. Sollte es zu schnell verdampfen, mehr Wasser nachgießen.

Den fertigen Kalbsfond durch ein feines Sieb passieren, abkühlen und am besten über Nacht im Kühlschrank ziehen lassen. Am nächsten Tag das an die Oberfläche getretene Fett sorgfältig abschöpfen.

LÉAS TIPP Der Fond hält sich gut verschlossen bis zu 3 Tage im Kühlschrank, kann aber auch portionsweise eingefroren werden.

LAMMFOND

Ergibt ca. 1 l

2 Zwiebeln

1 Karotte

150 g Knollensellerie

das Weiße von 1 Stange Lauch

3 EL Olivenöl

1 ½ kg Lammknochen und
   -abschnitte (Sehnen,
   Bauchlappen, Nerven)

1 TL Tomatenmark

1 Zweig Thymian

1 Lorbeerblatt

10 Stängel Petersilie

3 Knoblauchzehen

1 TL schwarze Pfefferkörner

Passiertuch (Mulltuch)

Zwiebeln, Karotte und Sellerie putzen, schälen und grob zerkleinern. Den Lauch halbieren, gründlich waschen und in Streifen schneiden. Das Olivenöl in einem breiten Topf erhitzen. Die Knochen klein hacken (oder dies bereits vom Metzger machen lassen) und zusammen mit den Lammabschnitten im Öl bei mittlerer Hitze rundum dunkelbraun karamellisieren. Das Gemüse dazugeben und 3–4 Minuten mitbraten. Das Tomatenmark kurz mitrösten, dann so viel Wasser angießen, dass die Knochen gut bedeckt sind. Die Kräuter abbrausen. Den ungeschälten Knoblauch mit Kräutern und Pfeffer dazugeben und den Fond zum Kochen bringen. Das Ganze bei milder Hitze 3–4 Stunden sanft köcheln lassen. Etwas Wasser nachgießen, falls zu viel Flüssigkeit verdampft.

Den fertigen Fond durch ein Passiertuch abgießen, abkühlen und am besten über Nacht im Kühlschrank ruhen lassen. Am nächsten Tag das an die Oberfläche getretene Fett sorgfältig abschöpfen.

LÉAS TIPP   Der Fond hält sich gut verschlossen bis zu 3 Tage im Kühlschrank, lässt sich aber auch portionsweise einfrieren.

PFEFFERSAUCE

»Bringt ein bisschen Pfeffer ins Leben!«

Ergibt ca. 500 ml

2 EL Olivenöl

ca. 1 kg Knochen und
   Fleischabschnitte vom Wild (vom
   Metzger oder Jäger aus der Nähe)

2 Knoblauchzehen

2 Zwiebeln

1 Karotte

½ Bund Thymian

1–2 EL Mehl

30 g Butter

80 ml Balsamico- oder Rotweinessig

¾ l kräftiger Rotwein (z. B. Burgunder
   oder Barolo)

1 Lorbeerblatt

2 Gewürznelken

1 ½ EL Pfefferkörner

1 EL Wacholderbeeren

2–3 EL Beerengelee (am besten
   schwarze Johannisbeere, alternativ
   Hagebutte oder Preiselbeere)

feines Meersalz

Pfeffer aus der Mühle

Den Backofen auf 220 °C (Ober-/Unterhitze) vorheizen. Das **Öl** in einem Bräter erhitzen und die **Knochen** und **Fleischabschnitte** darin kräftig anbraten. Anschließend in den Ofen schieben und 15 Minuten rösten.

Knoblauch, **Zwiebeln** und **Karotte** putzen, schälen und fein würfeln. Den **Thymian** waschen, trocken schütteln und die Blättchen abzupfen.

Den Bräter aus dem Ofen nehmen und auf den Herd stellen, das Fett abschöpfen. Knochen und Fleisch mit etwas **Mehl** bestäuben, dann **Butter**, Knoblauch, Zwiebeln und Karotte zufügen und etwa 10 Minuten bei mittlerer Hitze braten. Thymianblättchen und **Essig** zugeben und bei starker Hitze einkochen lassen.

Rotwein, **Lorbeerblatt**, **Gewürznelken**, **Pfefferkörner**, **Wacholderbeeren** sowie 1 l Wasser einrühren und rund 2 Stunden bei niedriger Temperatur offen köcheln. Dabei zwischendurch immer wieder heißes Wasser nachgießen. Knochen sowie größere Stücke herausnehmen, den Fond durch ein Sieb in einen Topf gießen und etwa auf die Hälfte einkochen lassen. Das **Beerengelee** unterrühren und die Sauce erneut durch ein sehr feines Sieb passieren. Mit **Salz** und **Pfeffer** abschmecken.

LÉAS TIPP   Die Pfeffersauce passt perfekt zum Hirschfilet mit geschmortem Apfel von Seite 117.

SAUCE BÉARNAISE

»Die Sauce der Meisterköche. Die wichtigste Zutat: Liebe!«

Ergibt ca. 150 ml

1 Schalotte

2 EL frisch geschnittene
   Estragonblättchen

3 EL Weißweinessig

100 g Butter

2 sehr frische Eigelb

feines Meersalz

1 EL frisch geschnittener Kerbel

weißer Pfeffer aus der Mühle

Die **Schalotte** schälen und in feine Würfel schneiden, dann zusammen mit der Hälfte des **Estragons**, dem **Weißweinessig** sowie 50 ml Wasser in einem kleinen Topf erhitzen. So lange kochen, bis die Flüssigkeit vollständig verdampft ist. Dann erneut 50 ml Wasser zugießen und auf 3 EL einkochen lassen. Die Reduktion nach Belieben durch ein feines Haarsieb passieren.

Die **Butter** zerlassen, dabei immer wieder den an die Oberfläche tretenden Schaum abschöpfen.

Die **Eigelbe** mit der Weißweinreduktion in einer Schüssel aus Edelstahl über dem heißen Wasserbad schaumig schlagen. Die flüssige Butter in dünnem Strahl unterrühren, bis eine cremige, goldgelbe Sauce entstanden ist. Mit **Salz** abschmecken und mit dem restlichen Estragon sowie **Kerbel** verfeinern. Einen Hauch **weißen Pfeffer** darüberstäuben. Voilà!

LÉAS TIPP Die Sauce béarnaise passt hervorragend zum zarten Chateaubriand mit Chicorée und Shiitakepilzen von Seite 111. Sollte die Sauce mal ein wenig zu fest oder zu sauer geraten: Mit einem Schuss Wasser oder Champagner lassen sich Konsistenz und Säure der meisterlichen Sauce wunderbar regulieren.

KNUSPRIGE BRÖTCHEN

»Außen knusprig, innen wunderbar luftig.«

Ergibt 40–50 kleine Brötchen

18 g frische Hefe
1 kg Mehl (Type 550), plus mehr
   zum Bestäuben
2 TL feines Meersalz

LÉAS TIPP Wenn ich nicht die ganze Menge Brötchen brauche, nehme ich sie aus dem Ofen, bevor sie zu bräunen beginnen, lasse sie auskühlen und friere sie ein. Die kleinen Köstlichkeiten backe ich dann, wenn ich sie benötige, bei 250 °C (Ober-/ Unterhitze) in nur 5–10 Minuten goldbraun auf.

Ein Drittel der **Hefe** mit 300 ml kaltem Wasser in einer Schüssel verrühren, bis sie sich aufgelöst hat. 250 g **Mehl** zufügen und glatt rühren. Den Vorteig mit Frischhaltefolie abdecken und bei Zimmertemperatur mindestens 8 Stunden, besser 1 ganzen Tag gehen lassen.
Am nächsten Tag die übrige Hefe zerbröckeln und zusammen mit dem restlichen Mehl, dem Vorteig sowie 300 ml lauwarmem Wasser in der Küchenmaschine mit Knethaken ca. 10 Minuten zu einem glatten, festen Teig verarbeiten. Das **Salz** hinzufügen und 2 Minuten weiterkneten, bis der Teig schön glänzt, elastisch ist und sich leicht vom Schüsselboden löst. Den Teig zu einer Kugel formen, leicht mit Mehl bestäuben und abgedeckt 2 Stunden bei Zimmertemperatur gehen lassen.
Den Teig vierteln, zu vier Stangen (ca. 4 cm Ø) rollen und mit einem Teigschaber Stücke von ca. 40 g abtrennen. Diese rasch und ohne den Teig zu sehr zu bearbeiten zu länglichen, an den Enden spitz zulaufenden Brötchen formen. Backbleche mit Backpapier auslegen und die Brötchen mit etwas Abstand daraufsetzen. Feuchte Küchentücher darüberlegen und nochmals 1 Stunde gehen lassen, bis sie ihr Volumen fast verdoppelt haben.
Inzwischen den Backofen auf 250 °C (Ober-/Unterhitze) vorheizen. Eine flache, feuerfeste Form mit Wasser füllen und unten in den Ofen hineinstellen. Die Brötchenoberfläche kurz vor dem Backen mit etwas Mehl bestäuben und mit einem scharfen Messer der Länge nach leicht einschneiden. Die Backbleche nacheinander in den Ofen schieben und die Brötchen 20–25 Minuten goldbraun und knusprig backen. Auf Kuchengittern abkühlen lassen und am besten noch lauwarm mit guter Butter servieren.

HAUSGEMACHTE NUDELN

»Nichts geht über selbst gemachte Nudeln! Damit wickeln Sie jeden um den Finger.«

Ergibt ca. 700 g

250 g fein gemahlener
  Hartweizengrieß (Semola di
  grano duro)
250 g Mehl, plus mehr zum
  Arbeiten
5–6 sehr frische Eigelb
Meersalz

*Nudelmaschine mit beliebigen
  Aufsätzen*

Hartweizengrieß, **Mehl**, 5 **Eigelbe** sowie einen Schuss Wasser in der Küchenmaschine mit Knethaken zu einem relativ festen Teig verkneten. Bei Bedarf ein weiteres Eigelb zugeben. Den Teig zu einer Kugel formen, in Frischhaltefolie wickeln und mindestens 1 Stunde, besser über Nacht im Kühlschrank ruhen lassen.

Den Teig in 3–4 Portionen teilen und diese auf einer leicht bemehlten Arbeitsfläche mit dem Nudelholz leicht ausrollen. Die Portionen mit der Nudelmaschine zu dünnen Teigbahnen verarbeiten, anschließend beispielsweise mit dem Linguine-Aufsatz in schmale Bandnudeln schneiden. Die fertigen Nudeln leicht mit Mehl bestäuben, damit sie nicht aneinanderkleben, und auf ein bemehltes Tablett oder Blech legen. Wenn sie trocken sind, die Nudeln in reichlich kochendem Salzwasser wenige Minuten bissfest garen und je nach Rezept servieren.

LÉAS TIPP   »Semola di grano duro« bekommen Sie im italienischen Feinkostladen und manchmal auch im gut sortierten Supermarkt. Wenn ich die Nudeln nicht sofort kochen will, decke ich sie einfach auf dem Tablett mit Frischhaltefolie ab. So bleiben sie im Kühlschrank bis zu 2 Tage frisch. Oder ich friere sie ein: Tiefgekühlt sind sie rund 1 Monat haltbar.

CREMIGER RISOTTO

»Gut Ding will Weile haben.«

Für 8–10 Personen

2 Schalotten
2 EL Butter
500 g Risottoreis (z. B. Arborio
   oder Vialone Nano)
350–400 ml Crémant
1–1 ½ l Geflügelfond (s. S. 161)

Die **Schalotten** schälen und fein schneiden. Die **Butter** in einem großen dickwandigen Topf erhitzen und die Schalotten darin anschwitzen. Den **Reis** zugeben und 2 Minuten mitdünsten, dann mit **Crémant** ablöschen. Den **Geflügelfond** in einem Topf erhitzen. Sobald der Crémant eingekocht ist, auf mittlerer Hitze schöpflöffelweise Fond zugeben, dabei nach jeder Kelle einkochen lassen.

Auf dieser Basis lassen sich die verschiedensten Kreationen umsetzen, beispielsweise mit grünem Spargel, Tomaten, Pilzen oder Kürbis.

HERZ-HAFTE KAROTTEN

»Junges Gemüse, mit Liebe gegart – ein Gedicht.«

Für 2 Personen

1 Bund junge Karotten
30 g Butter
feines Meersalz
2 kleine Knoblauchzehen
1 daumengroßes Stück
   frischer Ingwer

Die **Karotten** putzen, dabei etwas Grün stehen lassen. Die Schale bei Bedarf dünn abschaben, dann die Karotten waschen. Die **Butter** in einem Topf mit schwerem Boden bei mittlerer Hitze zum Schäumen bringen, die Karotten hineingeben und **salzen. Knoblauch** und **Ingwer** waschen und jeweils mit Schale zufügen. Die Karotten im geschlossenen Topf bei milder Hitze ca. 15 Minuten hellbraun schmoren, dabei nach der Hälfte der Zeit den Deckel abnehmen.
Die weichen, aber bissfesten Karotten mit Salz abschmecken. Sie passen hervorragend als Beilage zum Chateaubriand (siehe S. 111).

carotte d'amour

VANILLEEIS

»Die cremigste Versuchung, seit es Vanilleeis gibt.«

Ergibt ca. 500 ml

1 Vanilleschote
250 ml Vollmilch
70 g Zucker
3 sehr frische Eigelb
200 g Sahne

Eismaschine

Die **Vanilleschote** aufschlitzen und das Mark herauskratzen. Die **Milch** mit Vanilleschote, -mark und 40 g **Zucker** aufkochen, dann vom Herd nehmen und 10 Minuten abgedeckt ziehen lassen. Die Schote entfernen. Die **Eigelbe** mit dem restlichen Zucker schaumig schlagen und in einen Topf füllen. Die heiße Milch mit einem Holzlöffel unterrühren und die Masse bei schwacher Hitze so lange erwärmen, bis sie leicht andickt. Dabei ist es wichtig, die Masse ständig in Bewegung zu halten und somit zu verhindern, dass die Masse kocht, sonst gerinnt das Eigelb! Sobald die Creme bindet, den Topf sofort vom Herd ziehen, die kalte **Sahne** untermischen und alles durch ein Haarsieb passieren. Komplett abkühlen lassen, am besten über einem Eiswasserbad. Die Masse anschließend in die Eismaschine füllen und etwa 30 Minuten zu wunderbar cremigem Vanilleeis gefrieren.

Das Eis in einen vorgekühlten Behälter füllen und bis zum Gebrauch im Tiefkühler aufbewahren (das Eis am besten immer erst 1–2 Stunden im Voraus herstellen, damit es schön cremig bleibt).

ERDBEERCOULIS

Ergibt ca. 120 ml

100 g Erdbeeren
Saft von ½ Orange
frisch gepresster Zitronensaft
Zucker nach Geschmack

Die **Erdbeeren** putzen, waschen und mit **Orangensaft** sowie ein paar Spritzern **Zitrone** glatt mixen. Nach Geschmack **Zucker** zugeben (nicht zu viel, die Coulis soll etwas säuerlich sein!).

Die Coulis passt zu schokoladigen wie fruchtigen Desserts wie beispielsweise dem Erdbeerbaiser von Seite 128.

REZEPTVERZEICHNIS

REGISTER

ÜBER DIE AUTOREN

LÉA LINSTER

Sie ist charmant, herzlich, sprüht vor Energie – und vor allem: Sie kocht unbeschreiblich gut! Nicht weiter verwunderlich also, dass Léa Linster, 1955 in Differdingen (Luxemburg) geboren, zu den renommiertesten Gourmetköchen der Welt gehört. Als bislang einzige Frau erkochte sie sich 1989 den »Bocuse d'Or« – die höchste Auszeichnung für Köche. Seitdem ist ihr Bekanntheitsgrad stetig gestiegen: Sie publizierte bereits mehrere Bücher, schrieb eine Rezeptkolumne für die Zeitschrift *Brigitte* und war Jurymitglied in der Kochshow *The Taste* (SAT.1). 2015 erschien ihre Autobiografie unter dem Titel *Mein Weg zu den Sternen* bei Kiepenheuer & Witsch.

PETER GAYMANN

Er hat geniale Ideen, zeichnet mit spitzer Feder und gekonntem Strich – und vor allem: Er zaubert mit seinen witzigen Cartoons unweigerlich ein Lächeln auf das Gesicht des Betrachters. Peter Gaymann, 1950 in Freiburg (Breisgau) geboren, lebt und arbeitet als freier Zeichner in Köln. Insbesondere seine Hühner, genannt: sein »Huhniversum«, haben ihn bekannt gemacht. Auch für die »Paar Probleme«, die er seit vielen Jahren in der Zeitschrift *Brigitte* veröffentlicht, ist er berühmt. Daneben erschienen seine Illustrationen im *ZEITmagazin*, in der *Bunten*, der *taz* und *Maxima*.

Das Gelbe vom Ei
Huhnglaubliche Rezepte
Illustriertes Kochbuch
Hardcover
160 Seiten · € 24,90
ISBN 978-3-86913-426-0

Was war zuerst da, Huhn oder Ei? Das wird ein Rätsel bleiben – aber es ist auch ei(n)erlei, wenn es ums Genießen geht. Denn beide, Huhn und Ei, macht Spitzenköchin Léa Linster in diesem inspirierenden Kochbuch zur Basis ihrer unvergleichlich delikaten Rezeptkreationen, adelt sie zu Köstlichkeiten wie Mini-Tartelettes mit cremigem Rührei und Kaviar, Huhn in Zimtsauce mit jungen Karotten oder Zitronentörtchen mit Baisertupfen. Wen wundert's angesichts all der geflügelten Delikatessen und ausgesuchten Spezialitäten rund ums Ei, dass verrückte Hühner aus der Feder des beliebten Cartoonisten Peter Gaymann gackernd über die Seiten stolzieren? Eine wahre Freude für Gaumen und Zwerchfell!

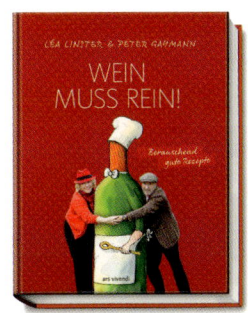

Wein muss rein!
Berauschend gute Rezepte
Illustriertes Kochbuch
Hardcover
176 Seiten · € 24,90
ISBN 978-3-86913-589-2

Eine berauschende Reise, nein, nicht nach Bordeaux, nicht nach Burgund, sondern an den heimischen Herd – doch immer mit einer griffbereiten Flasche edlen Rebensaftes neben Topf und Pfanne. Denn zum Reigen des feinen Geschmacks treffen sich hier Köstlichkeiten wie elegante Kartoffelsuppe mit Schampus und Riesling, Hirsch bourguignon mit Blattschuss und Burgunder, Zander im Sektteig mit Kräutermayonnaise und Apfeltarte mit viel Calvados. In über 50 raffinierten Rezepten rund um Wein & Co. lädt Sterneköchin Léa Linster zu kulinarischen Genüssen auf höchstem Niveau. Humorvoll gewürzt mit Peter Gaymanns inspirierenden Zeichnungen und witzig garniert mit seinen weinseligen Miniaturen gerät *Wein muss rein!* zum kulinarisch-visuellen Gesamtkunstwerk. Ein Fest für Weinliebhaber und Cartoonfreunde, für Hobbyköche und Gourmets – guten Appetit und sehr zum Wohle!

NACH DEM FEST ...

... kommt das Bedankemich. Fest? – Ja, es war wieder ein großes
Vergnügen, gemeinsam mit vielen guten Freunden dieses neue Werk zu
gestalten. Inzwischen sind wir ja ein eingespieltes Team, und dieses ist
unser drittes Buch.

Nach *Das Gelbe vom Ei* und *Wein muss rein!* haben wir nun (denn aller
guten Dinge sind schließlich drei) *Avec Amour* aus der Taufe gehoben.
Dieser Titel steht im Grunde als Motto über allem, was wir gemeinsam
geschaffen haben. Alle unsere Bücher sind mit viel Liebe und Herzblut
gemacht. Köstliche Rezepte wurden mit Fotos veredelt und mit
Cartoons gewürzt, es wurde redigiert, lektoriert, gedruckt und verlegt.
Versteht sich von selbst, dass dabei noch viel mehr Namen als die
beiden auf dem Titel eine wichtige Rolle gespielt haben. Euch allen
möchten wir auf das HERZLICHSTE danken.

Bevor wir dann aber auseinandergehen und uns in neue Abenteuer
stürzen, wollen wir mit euch anstoßen, die Nacht durchfeiern und das
Hohelied der Liebe singen. Wir erweitern unsere Runde und laden Sie,
liebe Leser, Köche, Bekochte, Freunde, Liebespaare und solche, die es
werden wollen, dazu ein, am Fest teilzunehmen.

Avec Amour ...
Léa Linster & Peter Gaymann

IMPRESSUM

Originalausgabe

1. Auflage September 2017

© 2017 by ars vivendi verlag GmbH & Co. KG, Bauhof 1, 90556 Cadolzburg

www.arsvivendi.com

ISBN 978-3-86913-844-2

Rezepte   Léa Linster

Illustrationen   Peter Gaymann

Fotos   Justyna Krzyżanowska

Textredaktion, Lektorat   Simone Gerlach

Reprografie   Harald Schmidt

Gestaltung, Satz   Justyna Krzyżanowska

Idee und Konzept   Jochen Baller

Druck   GPS Group GmbH, Velden

ars vivendi